愛の波動を高めよう

霊的成長のためのガイドブック

アイリーン・キャディ
山川紘矢・山川亜希子＝訳

Waves of Spirit

まえがき

ジュディ・バドナー

アイリーン・キャディは夫のピーター・キャディ、ドロシー・マクレーンと共に、北スコットランドにあるフィンドホーン共同体の創設者です。彼女は、「自分の中の静かな小さな声」からやってくる霊的なガイダンスに基づく多くの本を出版しています。アイリーンは四十三年間にわたって、この内なる声に従って生きてきました。その結果、神は自分の外に求めるものではなく、すべての人、あらゆる物の中に神のエネルギーが内在しているということを知りました。

私はこのところ、七年間にわたりアイリーンと一緒にワークショップを行なって、人々が自分の内なる声を聞くことを学ぶためのお手伝いをしてきました。アイリーンのメッセージもワークショップで使う方法も、とても簡単で、効果的で、しかも誰にも理解しやすいものです。また、彼女の生き方は、基本的な霊的真理をまわりの人々と世界との交流にどのように生かすことができるか、のすばらしいお手本なのではないでしょうか。アメリカでよく使われる言い方をすれば、「彼女は自分の言っている言葉どおりをそのままに生きている人」なのです。

この本の中のパート1「インスピレーション（啓示）」の部分は彼女の他の本と違います。単に彼女の内なる声をそのまま書いているのではなく、彼女の人生体験から得た個人的な気づきをもあわせて書いているからです。内なるメッセージと人生体験からの気づきの二つの流れが混じりあうことによって、現代社会で私たちが遭遇《そうぐう》するさまざまな問題にどのように対処《たいしょ》したらよいか、非常に現実的な解答を与えてくれることでしょう。彼女のメッセージはいつの時代にも、とても役に立ちます。

本書でもう一つ新しいことは「キリスト意識」という標題のパート2です。アイリーンはここで初めて、キリストエネルギーと彼女自身のかかわりについてふれ、それが彼女の人生にどのように大きな影響を与えたかを書いています。自分もこの特別なエネルギーを涵養《かんよう》したいと希望する人のために、そのための誘導瞑想《めいそう》も載せてあります。

パート3の「瞑想《めいそう》と実習」の部では、アイリーンが日々実行し、また私たちのワークショップでも使っている誘導瞑想が載せてあります。この種の瞑想は、自分の内なる神性と常につながることを学ぶためのすばらしい価値のある方法です。アイリーンはよくこう言っています。「瞑想は自分で実際にやってみなければならないものです。毎日、自分でやってみようという努力がとても大切です」

パート4「質問とその答え」には、私たちのワークショップでよく出る質問をとりあげました。

この本の編集にたずさわっている間、私自身、すばらしい神の恩寵《おんちょう》とインスピレーションを得ることができました。それは正真正銘《しょうしんしょうめい》、心が開かれる体験でした。読者の皆様もこの本に書かれている基本的な霊的真実を実践することによって、内なる神性とより深くつながり、そこから湧《わ》きあがる歓《よろこ》びと変容を十分に享受《きょうじゅ》していただきたいと思います。

朝の祈り

今日、人と出会う時、お互いに愛のこもった目で、相手を見させて下さい。愛のこもった耳で人の話を聞き、愛のこもった言葉で話させて下さい。また、愛のこもった手で、人にふれさせて下さい。

思いやりと忍耐《にんたい》と寛容《かんよう》の心をもって、すべての人々を抱きしめるやさしさをお与え下さい。時の経過と共に変わりゆく世界の中で、人々の顔に天使のエネルギーを見させて下さい。人々の声の中に、天使の声を聞かせてください。

話すべき時と沈黙《ちんもく》すべき時がわかりますように。神から与えられたものをできるだけ心のこもった方法で、自由に表現できますように。また他の人々にも、同じように自由に表現させてあげられますように。どんな状況のもとでも、深い信仰が持てますように。信仰がゆらぎそうな時も、あなたのやさしい愛のエネルギーで、私たちをささえて下さい。

私たちの思いがあなたの世界に奇跡を生みますように。私たちの言葉があなたに対する愛を表明しますように。私たちの行動が、あなたに栄光をもたらし、御名を高めますように。

神様、すばらしい人生体験を互いにわかちあえる素晴らしい人々で世界を満たして下さったことを感謝します。私たちがこの愛にふさわしくありますように。あなたの光、あなたの愛、あなたの知恵を人々に反映できますように。

カバー絵・本文イラスト………平川亜古
装幀………わたなべひろみつ

愛の波動を高めよう　目次

パート1　インスピレーション（啓示）

パート1　インスピレーション（啓示）

1 霊性への道のり

1 目覚め

私はキリスト教徒として育てられました。教会に行き、日曜学校にも通いました。ひざまずいて祈る方法を教えられました。人々のためにお祈りし、神様にいろいろ願いごとをする方法も教えてもらいました。また聖書を教わりました。私は聖書の物語を読むことが好きでした。イエスのように人々の病気をなおすことができたらいいのにと、強くあこがれました。

しかし、スピリチュアルな人生に私を目覚めさせたのは何だったのでしょうか?

ある日のことでした。窮地《きゅうち》に追いつめられ、人生がひどく混乱し、めちゃめちゃだったある日、私は神様に助けて下さいと祈りました。その時、思いもよらないことに、小さな声が聞こえました。それは驚いて腰をぬかすほどの体験でした。その声はどこから聞こえてくるのかわかりませんでした。私は気が変になったのではないかと思いました。

私が最初に聞いた声はこう言いました。

「落ちつきなさい。そして私が神であることを知りなさい」

その声はさらに、もしこの声に従えば、人生はすべてうまくいきます、と言いました。私はまるでおぼれる者がわらをもつかむような状態でした。すべてはこのようにして始まりました。そして私は人生の浮き沈みを体験しながら、その時から四十年以上、その声を聞いてきたのです。

2 準備期間

神は自分の中にいるということに気がつき、その静かな小さな声が聞こえるようになってから、私は本当にたくさんのレッスンを学ばなければなりませんでした。神の声を聞くようになってからの二、三年は、とてもつらい学びの時期でした。

最初に学ばなくてはならなかった基本的な課題は、自己鍛錬と服従の二つでした。自己鍛錬のために私は午前六時、正午、午後九時の一日三回、決まった時間に瞑想《めいそう》をしなければなりませんでした。それは神様との約束のようなものでした。神様との約束であれば、絶対に時間に遅れるわけにはゆきません。時間厳守ということがとても重要だったのです。私の先生はシーナという女性でした。彼女は私の夫、ピーターの先生だった人で、夫と五年間、結婚していたこともありました。彼女はとても厳しい女性でした。私は何ごとからも逃げることは許されませんでした。本当のことを言えば、私は彼女をとても恐れていました。彼女は愛を持って私を教えているのではなく、恐怖心をあおって私を教えていると感じていました。しかし、その頃の私はとても駄《だ》目《め》な生徒で、情《なさ》け容赦《ようしゃ》ない訓練が必要だったのでしょう。

私はほとんど耐《た》えられそうにありませんでした。実のところ、私はまるでロトの妻にそっくりでした。そして同じように、私も一度、うしろを振り返りました。（「旧約聖書」創世記第十九章、主がソドムを滅ぼした時、ロトの妻はうしろをかえりみたので塩の柱にされた）しかし、彼女のように塩の柱に変えられずにすみました。今になってふり返ってみれば、余りにもつらかったからとは言え、うしろを振り返ったことによって、実は自分の修行がそこで何年間も停止してしまったのです。それも誰のせいでもなく私自身の責任でした。

3　インスピレーションを受けた日々

インスピレーションを受けとり始めた頃、私はバラ色の眼鏡をかけているかのようでした。すべてが私のために輝いて見えました。ビジョンを受け取ったり、美しい霊的なガイダンスを受けとっていました。気持はとても高揚し、もうこれ以上気分のよい状態はあり得ないと感じたほどでした。私は神様からテストを何回も受けることになるとは、ほとんど気がつきませんでした。次に待っているのが暗闇《くらやみ》だとも知りませんでした。しかし、その時は、まるで天国にいるような気分でした。

4　魂の暗黒の夜

私は自分がいわゆる「魂の暗黒の夜」に入ったことに気がつきました。私の信仰が徹底的に試されたのです。私と神との関係はどんなだろうか？　絶望の内に降参して逃げ出さずに、この試しと試練をくぐり抜けることができるのだろうか？　それは私にとって、非常につらくて厳しい時期でした。

私は魂の危機的な暗黒の夜を何度か通り過ぎました。そうした体験を一度通り過ぎればあとは楽にゆけると思った時もありましたが、そうではないようです。私は教会で聖職についている友人に、何度暗黒の体験を通過したら解放されるのか、手紙でたずねた時のことを憶《おぼ》えています。彼は私に、全体の状況をもっと大きな視野から眺《なが》め、今起きていることの全体像を見なさいとさとしてくれました。彼のアドバイスに従ってみると、試練に遭《あ》うごとに、どんどん速くそこを通りすぎるようになってきていることに気がつきました。以前だったら何年も何カ月も続いたのに、今では何週間か何日という単位になっていました。もう暗闇の中で長い間もがいている必要はなくなっていたのです。

実際のところ、こうした暗黒の危機的状況にいた時、たちどまって、まわりを見まわしてから「今は魂の暗黒の時期にいるんだわ」と判断する余裕はありませんでした。神に見捨てられ、何もかも奪われてひとりぼっちになった自分しか見えなかったのです。

どうやってこうした時期を乗りこえたのでしょうか。それは祈りと瞑想《めいそう》でした。暗黒の日々には木を見てしまい、森を見るということはとてもむつかしいことです。祈りと瞑想という二つの方法がなかったら、私はこの時期を乗り切ることはできなかったことでしょう。

5　すべては一つ

何度もの試練に遭遇《そうぐう》し、もうこれ以上は耐《た》えきれないと感じた時、私は何にもましで、自分自身の足で立ちたいと思うようになりました。もう誰にももたれかからない。ひとつのものの半分ではいたくない。私は誰かの影の中ではなく、自分の光の中に、自分の足で立ちたいと強く思いました。私は自分の中に、男性エネルギーと女性エネルギーの両方を認めたいと思いました。しかし、自己充足したいと願ったのではなく、神のエネルギーで充足したいと願ったのでした。そして終《つい》に、「分離というものはなく、私と父なる神はひとつである」と深いレベルでさとったのです。神も神からのガイダンスももういりませんでした。私がガイダンスなのです。私の中に神がいます。神と私はひとつなのです。

2 種子の瞑想

1 瞑想

目を閉じて、二、三回大きく深呼吸しましょう。とてもリラックスしてきました。もっとリラックスしましょう。

あなたが一つの小さな種子になったと想像しましょう。……その種子の中に自分が入っていると想像しましょう。どんな感じがしますか？　……あなたは何色ですか？　どんな形をしていますか？　……どんな花の種子ですか？　野菜ですか？　大きな木ですか？　それとも背の低い木ですか？　あなたが種子の中にどんどん深く入ってゆくと、ますます種子の気持になってゆきます。あなたはその種子そのものです。

さあ、あなたは土の中に埋《う》められていると想像して感じて下さい。土の中にずっと深く植えられていますか？　もしかしたら、地表近くに植えられているかもしれません。自分の身に起こっていることを感じて下さい。……暗い土の中に横たわって、どんな感じがしていますか？　気持がいいですか？　少し恐がっていますか？　……ひとりぼっちでさみしい感じがしますか？　……時間をかけて、ゆっくりと、種子としての自分を感じて下さい。……

さあ、ここで、あなた自身の中に変化が起こり始めています。……あなたのまわりの皮が二つに割れて、あなたの中で何かが動きだしているのを感じます。……あなたはまだ暗闇《くらやみ》の中の暖かい土の中にいます。でも、あなたの根が、どんどん土の中へ深く伸びてゆくのを感じて下さい。ここでもう一度、どんな感じがしますか？　……暗闇の中にずっといなくてはならないと思って、恐がっていますか？　それとも、そこにいて幸せですか？　……

さあ、ここで、あなたのもっと別の部分で何かが動き出していることを感じます。でもとても暗いので、自分に何が起こっているのか全然わかりません。……ただ、自分の中で何かが動きだしていることを感じています。……あなたは上の方に押しあげています。……その時、ポンと音がして、あなたは地上に出ました。……あなたはとても小さな黄色い新芽です。……あなたはまわりを見まわします。……まわりのものはみんなとても大きく見えます。……あなたは自分と同じような新芽が出ているのを見ます。……何が起こっているのでしょうか？　……

何か暖かいものを感じます。……それは太陽の光です。でもあなたはそれが何なのか知りません……でもとても気持がいいです。……雨がやさしく降り始めました。あなたは栄養をもらい、やさしく育てられていると感じます。……あなたは大きくなってゆきます。……まわりを見まわすと、前よりももっと世界が良く見えるようになりました。人生は快適です。……光の中にいて、どんどん成長してゆくのは、ワクワクした感じがします。

すると、今度は、大変な場面がやってきます。のどがかわいてカラカラです。水が欲しいのです。でものどの渇《かわ》きをいやすやさしい雨は降りそうにもありません。あなたはぐにゃりとしおれかかっています。……人生なんか本当に生きるほどの価値なんてありません。あなたは成長しつつある美しい植物なのに、もう十分な力がありません。死んでしまいそうです。……その時、あなたは何かが起っているように感じます。……水があなたの上にふりかけられているのです。あなたはしゃんと背すじをのばします。人生が再びすばらしいものになりました。あなたはぐんぐん成長してゆきます。……そして光に向かってどんどん背を高くのばしてゆきます。……そして運命を成就してゆきます。……

人生とはこういうものなのです。成長、変化、困難な時。しかし、その困難に打ちかつとあなたは強くなってゆきます。そして自分は何か目に見えない存在に護《まも》られていると確信し、自分はある特別の理由と目的をもってここに存在し、おとなへと成熟してゆくのだと深い所で、知っているのです。

さあ、あなたの感覚をゆっくりとこの部屋とあなたの身体《からだ》に戻してきて下さい。二、三回大きく呼吸してから、身体《からだ》を大きく伸ばしましょう。

2 解説

私は自分を暖かい暗い土の中にとても深く埋《う》められ、そこに非常に永い間、横たわっている一つの小さな種子のように感じています。私は発芽するのに何年もの時間がかかる種子の一つでした。私たちはそれぞれみんな違うのです。

そして時が来て外側のからが破れ、私の中で何かが起こり始めました。私はひどくうろたえてしまいました。私は声を聞き始め、奇妙なものを見るようになりました。それがそもそも何なのか全くわかりませんでした。私はどんどん暗闇の中へと深く入っていってしまったようでした。それが私の根が伸び、土台ができてゆく過程であるとは全く気がつきませんでした。それはとても恐ろしいことでした。こんな暗闇で一生過ごさなければならないのだろうか？

その時、私は自分の中で、何か不思議なことが起こりつつあることに気がつきました。下の暗闇にどんどん深く入ってゆくのをやめ、こんどは自分の中の何かが上の方に向かって動いているようでした。このことが起こった時、私はとても嬉《うれ》しくなりました。突然、私は何か固いものにぶつかって、動けなくなってしまいました。私の中の深い場所には、動き続けたいという欲求がありました。そして前よりももっと強い力で押し上げました。全身の力をふりしぼって、私は上に進もうともがきました。ポンという音と共に、私は光の中に出ました。それはすばらしい体験でした。光の中に出たのだから、もうゴールに到達したに違いないと思いました。しかし、それは単なる始まりにすぎませんでした。

私はどのようにして信仰を深め、信頼感をつちかっていったのでしょうか？　もう光の中に出たのだから、すべてがすんなりとうまくゆき、人生は楽になるだろうと思って、そこで待っていればすべては私のひざの上に落ちてくる、というわけにはゆきませんでした。私は常にスピリチュアルな修養を続ける必要がありました。

私たちはみな自由意志を与えられており、選択することができます。すべてがうまくゆき始めた時、最大の試練がやってくるものです。私たちはこう思ってしまうのです。「どうして努力してハイヤーセルフとコンタクトしなければならないのだろう。私は大丈夫《だいじょうぶ》。自分一人でやってゆける。祈ることも、瞑想することも、静かな時間を持って、自分の内を見ることなんかもしなくてもいいのだ」私たちはどうしても安易《あんい》に

「私は大丈夫だ。ほっといて欲しい」という態度をとってしまいがちなのです。

するると、何が起こるのでしょうか？　人生に大きな困難がやってきます。それを避《さ》けて通ることも、上を乗りこえることも、下をくぐりぬけることもできません。あなたは行きづまってしまいます。あなたの信仰心、信頼感ががたがたにゆさぶられ、あなたはぶざまに倒れてしまいます。起きあがろうにもあなたには力がありません。あなたは失敗してしまったのです。あなたの人生はめちゃめちゃになってしまいました。自己憐憫《れんびん》にとらわれ、それに浸《ひた》り切ります。もう万事休すです。

そうです。すべてうまくいっているから神の助けを借りないで、一人で行こうとすると、私はいつもそうなりました。このことから学んだ最大の教訓は、自己憐憫《れんびん》にひたって時間とエネルギーを無駄《むだ》に消費してはならないということでした。私は瞑想《めいそう》中に受けとったガイドラインを使うことにしました。「自分を非難しないこと。自己批判をしないこと。自分を許し、先に進みなさい。しなければならないことはいくらでもあります」失敗した時はいつもこの教え《ガイドライン》を使用しました。そしてこれが私を泥沼から救い出し、またちゃんとした道に戻してくれたのです。同じようなことがあなたに起こり、時間とエネルギーを使い果たす自己憐憫《れんびん》の呪縛《じゅばく》から抜け出す必要がある時は、ぜひ試してみて下さい。

人生は成長と変化であるということを憶《おぼ》えておきましょう。人生にはよい時もあれば、むつかしい時もあります。あなたのスピリチュアルな修養を常に続けて、神といつもつながっている感覚を保つようにして下さい。

3 変容（トランスフォーメーション）

心を新たにすることによって変容しなさい。変わりなさい。変容しなさい。心を広げなさい！　それはすでに起こりつつあります。――だからそれにさからってはなりません。それは起こらなければならないことです。それが進化だからです。進化がなければ、すべてが停滞し死んでしまいます。

自然には努力もストレスもありません。一つの種子は、芽を出し、成長し、花を咲《さ》かせ、実をつけて、一つのサイクルを進みます。種子は何もする必要がありません。ただすべてが起こるにまかせます。自然の驚異と変容をぜひ見て下さい。あなたが目を開いて見さえすれば、自然はあなたのまわり中にあります。あなた自身、美しい蝶《ちょう》に変容してみたらどうでしょうか？　茶色のさなぎから出ていらっしゃい。狭《せま》い場所から広い場所へ、そしてあなたの制限だらけの観念や思い込みから出てきませんか？　あなたをきつく縛《しば》っているものから解き放たれましょう。水門を開けて、たまっていた水を流しましょう。あなたが手放し、なるがままにすれば、まさにこうしたことが起こるのです。

へびが新しく成長する時、古い皮をゆっくりと脱《ぬ》ぎ捨てます。古い皮は、カラカラになって、そのうちに分解してしまいます。カニは大きくなるために古いカラを脱ぎ捨てます。そして、前よりもずっと大きく、より美しい体になります。ひな鳥たちは卵のからを破って外に出てきます。そのとき完全に変容しています。もはやそれは動けずにそこに横たわっているのではなく、翼がはえて、その翼で空を飛ぶことも学びます。今や鳥は自由なのです。自由に空を飛べるのです。

これは今、あなたに起こっていることです。新しい自由、新しい喜び、全く新しい世界があなたを待ちうけています。今までの古い制限された生き方や、思いぐせ、古い考え方から抜け出して、変わろうとすればいいのです。あなたはできます。もうやっています。みな起こり始めているのです。あなたは古い世界を抜け出して新しくなりつつあります。古い世界はもうあなたをひきとめられません。あなたの意識は日々、広がってゆき、古い意識をあとにします。あなたはもう地面に縛《しば》りつけられてはいません。あなたの翼は十分に強くなっています。ですから、もう空高く飛びまわり、新しい世界へと自由に飛んでゆけます。自由な霊《スピリット》としての生き方は、あなたにとって、ごく自然なものとなります。あなたはスピリットとして生き、動き、存在することができるでしょう。

自由になって、全く新しい世界に生きるようになると、あなたはインスピレーションに満たされ、天啓《てんけい》を受け、すべてがあなたの前に展開してゆきます。この新しくてすばらしい自由に意識的に気づくようにしましょう。目覚め、気がつき、それを受け入れさえすれば、それはすべての人に用意されています。人間はあまりにも永い間、眠っていました。今こそ、永い眠りから目覚め、まわりの新しい世界を見、私たちがこの輝かしい全世界の一部であることに気づく時なのです。私たちは神と一つです。それをただ受け入れさえすればよいのです。私たちはすべての命と一つであること、すべての創造物と一つであるというこの驚くべき真実を受け入れることができますか？神の神聖な愛が私たちの中から泉のようにどんどん湧《わ》き上がり、大きな川の流れのようになってすべての大いなるもの、大きな海と一つになる様を感じることができるでしょうか？

4 あなたは乗り越えられる

あなたは成功するために生まれてきました。失敗するためではありません。そのことを知って下さい。ものごとの悪い面ばかりにとらわれてはなりません。

ものごとが起こるのを待っているだけではいけません。神の助けを借りて、ものごとを起こらせましょう。神に意識を集中します。肯定《こうてい》的に考え、話し、行動しましょう。そうすれば神のエネルギーがあなたを助けてくれます。

外部のいかなるものも、あなたを傷つける力を持っていないことに気づく練習をしましょう。あなたにとって問題なのはあなた自身の思いであって、他の何ものでもありません。そのことを憶《おぼ》えておいて下さい。あなたの思いぐせをコントロールし、良いことに焦点をあて続けましょう。

難問、仲の良くない人、困難な状況などには、感情的にならずに、距離をおいて、公平な態度で臨《のぞ》みましょう。敗北主義、自己憐憫《れんびん》、後悔は止めましょう。自分に起こることに過剰《かじょう》反応をしないようにします。あまりにも真剣になりすぎてはいけません。自分を笑いとばせるようになりましょう。

あなたについて他人が考えたり言ったりすることを気にしてはいけません。夜、寝る時、自分のなやみについて、あれこれ考えてはいけません。

日々の行動のすべてを神のために捧《ささ》げなさい。すべてを所有しなさい。しかし、何ものにもあなたを所有させてはいけません。自分は神の中にいるということを知り、常にそのことを忘れないようにしなさい。あなたと他の人々との間に、適度のバランスを持つようにこころがけなさい。

世界にとって、自分が重要であることを知りなさい。そして、この世界のどこかに、必ずあなただけの居場所があることも知りなさい。地面に種子を播《ま》く時は、まいた種子のまわりに柵《さく》を作って、その種子を守ります。自分の心の中に種子を播く時も、その種子を困難や心配などの外から侵入する思いから守るために、心理的な防衛柵《さく》を設《もう》けましょう。あなたの潜在意識がその種子を受け入れ、それが発芽し、成長し始めるまで、そっとしておきましょう。

5

瞑想について

私は瞑想《めいそう》はろくろをまわして鉢を作るのに似ていると思います。粘土を手にとってそれをろくろの中心に置きます。ろくろをまわしながら、粘土で形を作ってゆく間、粘土はろくろの中央にずっとのっています。それと同じように、瞑想を始める時、最初に、リラックスして静かになることが大切です。すると自分の中に、静かな中心が見つかります。

まず最初に、二、三回、深呼吸をします。深呼吸をしながら、二、三回、手を握《にぎ》ったり開いたりしてもいいでしょう。そうすることによって、上手にリラックスすることができます。自分の身体《からだ》を忘れてじっとしていられるように、楽な姿勢をとりましょう。楽な姿勢をとらないと、自分の中の静かな場所を見つけて瞑想することができません。

心を静かにできない時、思いがまるでトンボがあちらこちらに飛ぶように定まらない時があります。――そんな時、私はアファーメーションを使います。「静かになれ、静かになれ」と私の全体が静止するまで続けます。またある時には、目を開けたまま、部屋のまん中にかざってあるローソクの炎や花に意識を集中します。瞑想を続けていると、神と自分の関係がとても近くなり、神とよい関係が持てるようになります。それは心を静かにする練習から始まります。私たちが神の存在を感じ取るのはこの静けさの中なのです。

次に、自分自身を脇にのけます。ひとつのことに永い間意識を集中していると、自分を忘れることができます。青や白い光の流れが、額《ひたい》の中心のところに流れこんでくるのを想像してもいいでしょう。もし声を出すのが好きであれば、オームと唱《とな》えるもよし、他の言葉をくり返すのもいいでしょう。自分のやり方、自分が気持のよいやり方で瞑想して下さい。自分一人で瞑想する時は特に、それが大切です。あまりむきになってはいけません。それでは何も得ることはできません。ただ、あなたの心を一つのことにゆったりと集中させて下さい。

あなたの心をある一点に集中することができるようになると、それは大きな力となります。規則的に修養を続けてゆくと、あなたの心は以前よりも強くなり、集中力がでてきます。この強さが身につくと、あなたは心を統治できるようになり、心に振りまわされるかわりに、心をあなたに仕《つか》える存在とすることができます。

瞑想とは内に向かうものです。ふだんの意識から潜在意識を通過して、神の真理を体験するのです。ある特別な瞑想の技術に固執《こしゅう》して、それにとらわれないようにしなさい。とらわれてしまうと、あなたの目的、つまり、インスピレーションを受け、内なる神、すべての源、宇宙の心と一つになるという目的を達することができません。すべてを軽やかな気持でとらえましょう。

恐れを持ちこんではいけません。恐れると大いなるものとつながることができなくなります。勇気をもって堂々と取り組み、神様にあなたの人生全体を導いてもらいなさい。

最後に、宇宙のエネルギー、つまり神のエネルギーを、あなたを通して流しなさい。それができるようになると、あなたの中にとぎすまされ、しかもゆったりとした意識が感じられるようになります。そしてとても生き生きと感じ、まるで浮いているかのような、あるいは宇宙の大海の一部になったような気がします。あなたのところにやってくる感覚をどんなものでも、ただ受け入れなさい。決して抑圧してはなりません。

6 聞く

静かにしてじっと、あなたのまわりにあるすばらしい音を聞くための時間を作って下さい。それらの音色を十分に楽しみ、また、聞くことのできる耳があることに感謝しましょう。

一日のうちで何回ぐらい、足をとめて立ちどまり、心の内の声や外の音に耳を傾けていますか？　静かに立ちどまって、何種類の音が聞こえるか、数えたことはありますか？　そうすることによって、より敏感に、より注意深くなり、気づきが深まります。ぜひ試してごらんなさい。

耳をすませて聞くことによって、まわりで起こっていることをもっと意識できるようになったら、今度は完全な静寂《せいじゃく》の中だけで聞こえてくる「音のない」内なる声を聞いてみて下さい。この声はあなたがスピリットと同調した時、人生で本当に大切なことと同調した時に聞こえます。

そうした完全なやすらぎと静寂の中で、あなたの人生全体が変わります。あなたの深い部分にある平常心や深みのあるおちつきが、あなたの内側から外へと広がります。

そのような状態になると、もう耳ざわりで不調和な音はしなくなります。全ての命とひとつになり、完全に全体と混じりあってしまうからです。あなたは高揚し、霊感を受けとり、光輝きます。あなたの全身が神の神聖な光に満たされて、すべてがはっきりと見えるようになるからです。頭で理解するのではなく、より高い意識と心でものごとを理解するのです。

あなたは命あるすべてのものと恋におちます。そして、人を憎んだり、しっとしたり、うらやんだりしなくなります。敵を愛するということの意味がわかるようになります。あなたにとってもはや敵などというものはいないからです。あなたの心は大きく広がり、神の愛をもって愛するということがどういうことかわかるようになります。自我というものが全くなくなり、あなたの人生は人のための愛と奉仕の人生になり、人々に与えて、与えて、与えるようになるのです。

それは信じられないほどの喜びをもたらしてくれます。このすばらしい内なる喜びと幸せを体験できるのは、あなたが与える時だけです。その喜びと幸せをあなたから奪ったり、弱めたりすることは誰にもできません。

喜びは奉仕からやってきます。そして奉仕は献身からやってきます。あなたの全てを今、神にささげ、神の仕事に奉仕しなさい。そしてあなたが大きく広がるのを感じなさい。あなたの意識が高められ、あなたはすべてのものとひとつであるという意味がわかってきます。

最初、こうした意識は、ほんの少しの間、続くだけです。しかし、はしごを一段一段のぼってゆくに従って、あなたは神の意識を知るというゴールへどんどん近づいてゆきます。はしごをのぼりつづけなさい。そして、あきらめてはなりません。

7

内なる声を聞く

あなたが乗り出したスピリチュアルな旅はきわめて特別な旅です。その道の途上、たくさんの前兆が現われて、あなたを導いてゆくでしょう。あなたが自分で選択した道を歩む時、そのような前兆を見のがさずに、その導きに従って進みなさい。

あなたの予感にも注意深くしなさい。予感は信号のようなものです。それが肯定《こうてい》的な予感の場合は、あなたの注意を正しい方向へと向けさせ、信頼して前に進みなさいと告げています。悪い予感がした時は、それはまず立ち停《ど》まり、まわりを良く見なさい、そして、また前向きな気持になれたら進むようにと警告しています。

あなたの思いにも注意を向けなさい。あなたの思いが人生をかたち作ります。自分の思いを注意深く観察して、それがいつも神の意向を反映しているかどうか調べて下さい。あなたの思いを通して神の光を映《うつ》し出してゆけば、あなたの人生のすべてに神の恩寵《おんちょう》が反映されてゆくでしょう。あなたの思いの中心に神をおきなさい。

あなたの内なる神の動きに注意しなさい。静寂《せいじゃく》の中でそっと語りかけてくる静かで小さな声に耳を傾けなさい。この声はあなたの耳には聞こえないかもしれませんが、それがあなたの心に話しかける時は、人間の声と同じぐらいはっきりと聞こえるものです。注意して聞いて下さい。

瞬間瞬間を生き生きとして過ごしなさい。そして内なる神のサイン（しるし）に注意しなさい。こうしたサインに導かれて、あなたは自分の霊性についてより深く理解してゆきます。そして祈りと瞑想をすることによって覚醒《かくせい》の道を歩む時、こうした前兆《しるし》があなたを導いてゆくでしょう。

8 聞きなさい

耳をすませて注意深く聞きなさい。より良い聞き手になるためには、意識して耳をすませなければなりません。心を静めて、静止することを学ばなければなりません。神がここに存在することに気づかなければなりません。すべての理解を越えたやすらぎに気づかなければなりません。その平和なエネルギーはあなたの全存在をみたし、つつみこみます。そしてあなたの心と頭を静かにします。すると、あなたの中の静かな小さな声を、はっきりと聞くことができます。

こうしたことは人によっていろいろ違った形でやってきます。ある人は内なる言葉を聞き、次第にその声を愛するようになるでしょう。それは内なる神の声です。ある人には直観として、または行動としてやってくることもあります。体の深い部分からわきあがってくる衝動であったり、実現したい夢であったりもします。あなたが内なる神とつながった時、あなたにはわかります。それは、愛と光と知恵をたずさえているからです。あなたが歩んで行く道の地図はありません。一人ひとりが自分で自分の進む方向、自分の道を見つけてゆかなければなりません。内なる声や心の中の思いが内なる神から出ているのかどうかは、あなたにだけしかわかりません。そして、もしそれが本物であれば、あなたの存在全体が平和と真実に満たされ、喜びと愛に満ちてそれに応答している自分を見つけるでしょう。

あなたが内なる思いとインスピレーションと内なる声に従って行動する時、あなたはその結果を見はじめます。あなたの人生が変わり始め、自分のやっていることは絶対にまちがっていないのだ、という感じがしてきます。何かをする時、自分は正しいのだろうか、まちがっているのだろうか、と迷うことがなくなります。他人の目からはどんなに奇妙なガイダンス（導き）に見えようとも、あなたは自信をもって進み、行動できるようになるのです。内なる声が聞こえてきたら、すぐに行動に移ることを学びましょう。そして何が起こってくるか見てみましょう。

私たちが神に服従することを学ぶと、神は私たちの中で、そして私たちを通してすばやく、容易に働けるようになります。神の指示が私たちに明確にやってくるようになります。神の指示がきた時はすぐ受けとりなさい。受けとらないでいると、やがてそれは消えてしまいます。

真実とはとても簡単です。どんなに小さな子供にも理解することができ、守ることができるものです。神のやり方は、時に奇妙に見えるかもしれませんが、こみ入ってむつかしいことではありません。単純であるということが神の印です。このことを理解して、人生を単純に保ちなさい。ものごとが複雑にこんがらがってしまった時は、できるだけ早く、単純さを取り戻す努力をしましょう。あなたがいつも静かで、良い聞き手にならなければならないのはそのためです。すると、すべてのものごとが自然にすんなりと治《おさ》まり始め、あなたは再び完全なやすらぎをとりもどし、暗闇《くらやみ》にいても、光を見ることができるでしょう。

9
祈り

祈りとは何なのでしょうか？　ある人々は、すべての手をつくしたのに失敗して土《ど》壇《たん》場《ば》においつめられた時、緊急の絶望的な助けを求めるために祈りを使おうとします。ある人々にとっては、祈りとは単に静かな瞑想《めいそう》です。またある人々は、お祈りはただ暗記した短い言葉を自動的に繰り返すことであって、祈っている人にとっては何の意味もないことであるとみなしています。しかし、祈りは神との直接のコミュニケーションだと信じている人もいます。

・あなたは祈りをどう思っていますか？　あなたにとって祈りとは何なのでしょうか？
・あなたは助けが必要な時、十分に時間をかけて、この力のある道具を使いますか？　それとも、祈りの力など使うつもりはないですか？
・あなたはお祈りする時、誰に祈っているか知っていますか？

私たちは祈りは神に対する語りかけだと言っています。自分の中の最も崇高な部分との対話、自分の中に内在する神とのコミュニケーションだと思います。瞑想とは神の私たちに対する語りかけを聞くことです。

祈りも瞑想も市内電話のようなものです。長距離電話ではありませんから、気楽に両方とも定期的にするようにして下さい。

言葉は必要ありません。あなたが生まれながらにさずかっている光輝くこの人生を十二分に花開かせるのは、静かな沈黙の祈りだからです。

神に話しかけて下さい。神の言葉を聞きましょう。あなたの外側に神をさがす必要はありません。神はあなたの中に発見されるのをいつも待っています。今すぐ、あなたの中の神と、神の中にいるあなた、そして、すべてがひとつであることに気がついて下さい。いつでも、自分の中の神に呼びかけなさい。そうすれば、あなたの中にいる神があなたを助けようと待ちかまえていることに気がつくでしょう。ぜひ試して自分で発見してみて下さい。効果はてきめんに現われます。

10 あっという間に

静かに瞑想する時間を持つことは、私にとってとても意味のある大切なことです。それは自分の中心に私を立ち戻らせ、人生に新しい充実した意味を与えてくれます。私を元気にし、新鮮な気持にしてくれます。また、あっという間に否定的な意識から肯定的な意識へと、私の全意識を変えることができることも発見しました。私は即興的な祈りをうまく利用します。すると、あっという間に、前向きで愛に満ちた建設的な思いに満たされ、神がここにいて、どんな状況にも神の意志が働いていることがわかります。私は誰かと話す時はその人の中の最も崇高な部分を見るようにします。私のハートから愛が流れ出て、すべての人、すべてのものをとり囲むようにします。意識してそうするのです。いつも、神をすぐ近くに感じながら、生き、歩き、働くようになってから、私の人生は完全に変わりました。

11

自分を愛しなさい、自分の中にいる神を愛しなさい

あなたは今までに、本気で思いと感情をこめて、自分自身に対して「愛しているよ」と言ったことがありますか？　今やってみて下さい。もしあなたの心と肉体が無かったとしたら、あなたはどこにいられるのでしょうか？　考えてみて下さい。そして自分の心と身体《からだ》に対して愛を感じましょう。文字どおり、あなたの身体から愛が輝き出して、その愛によって身体が暖かくなるのを感じて下さい。すばらしいことではありませんか？

あなたはとても大切な存在です。あなたの心と身体にそう伝えてあげなさい。何度も何度も言い聞かせて下さい。そうです。あなたの身体の各部分、あなたの意識、潜在意識に対しても、「愛しているよ。感謝しているよ。私たちは一緒にすばらしいことができるし、お互いに必要としているんだよ」と言ってあげましょう。誰か他の人のイメージが心にとびこんできたら、その人にも愛を送ります。でも、また自分自身に注意を戻して、「愛しているよ。君はすばらしい。君は僕の最も大切な財産なのだよ。一緒にすばらしいことをしようね」と言ってあげなさい。

あなたは心と身体のおかげで生きていられるのです。実際に、自分のことを「私たち」と言うようにしましょう。あなたは前よりもずっと効率的に仕事ができるようになります。なぜなら、心と身体が一緒に働いてくれるからです。他の人たちと一緒にする仕事も違ってきます。そして、働く仲間も変わり始めます。変化が起こるのです。あなたは今までになく生き生きと感じ、そしてもっと美しくなります。

あなたが今まで成しとげたことをこう考えてみましょう。「私たちは、あの時、いい仕事をやりとげたよね。あの時できたのだから、今度もまたできるよね。私たちは力を合わせて成功したんだ」

毎日、二分か三分間ずつ、一日に何回か静かにすわり、文字どおり、自分を愛してあげましょう。その気持をもって夜の眠りにつき、朝になったら新しく新鮮な気持で目覚めましょう。

あなたの意識が変化すると、あなたの自意識が次第に消えてゆきます。あなたのしていることは本当のところは、あなたがしているのではなく、あなたを通して神がやっているということに気がつくでしょう。神の仕事のために自分を使わせるようになるに従って、感謝の気持が育ってゆきます。あなたは全く新しい全体性となり、あなたの気持が明るくなると共に、まわりの人達をも明るくしてゆきます。

心の中に深く刻《きざ》み込みながら、次の感謝の祈りを心をこめて愛を感じながら言ってみましょう。


「神様、ありがとう。あなたは私を通して輝き、私を包んでいる光です。

神様、ありがとう。あなたは私を通して放射し、私を抱擁《ほうよう》する愛です。

神様、ありがとう。あなたは私を使って善をなす力であり、私を守ってくださる力です。

神様、ありがとう。あなたは私の中にいます。私のまわりにもいて、私のことを見守ってくださいます」

12

神の恩寵

恩寵《おんちょう》とは、常に働いている神の特別な資質です。それは自由に無条件に与えられます。あなたが神に欲しいとこい願うものではなく、神が何の見返りも求めずに下さるものなのです。

神の恩寵を次のようなものとして考えましょう。

あなた自身には見えなくとも、あなたの中の良いところだけを見る神の目
あなたの涙を拭《ふ》いて下さる神の手
孤独な時にあなたに話しかけ、あなたに使命を告げる神の声
すばらしい創造的なアイディアとなって、あなたの意識にしみ込んでゆく神の思い
どんなに単純でもどんなに洗練されていても、すべての祈りを聞いて下さる神の耳
なぐさめが必要な時、いつもあなたを抱きしめて下さる神の腕
「ありがとう」とあなたが言う時の神の笑顔

神の恩寵はあまりにも深くあなたにしみわたるので言葉で表現することができません。それは言葉や思考を超えているからです。しかも、それは現実のものです。——あなたの知っているどんなものよりも本物なのです。

まさに、神の恩寵はあなたにあふれるほどそそがれているのです。

「奇跡を起こしてくれる神の恩寵に私は深く感謝します」

13

呼吸と愛について

少しの間、あなたの呼吸に意識を向けてみて下さい。大きく吸《す》って、吐《は》いて。大きく吸って、吐きます。あなたは何時もこうして呼吸しています。生まれた瞬間から呼吸をし始め、そのあと今に至るまで、ずっと呼吸をしています。もう自分の一部となっているので、おそらく、そんなことは当然だと思っているでしょう。私が今、あなたの呼吸に意識を向けましょうと言うまで、呼吸について考えてみたことがありましたか？

愛についても同じです。愛せないと感じていたり、場合によっては、愛というものの意味がわからない、と思っているかもしれません。あなたが知っている愛は、条件付きの愛だけかもしれません。――「もしあなたが私を愛してくれたら、私はあなたを愛しましょう」というものです。私がここで話したいのは、そのような条件付きの愛ではなく、無条件の愛、つまり神の愛についてです。

では、しばらくの間、神について考えてみましょう。最近、神について考えたことがありますか？　あなたにとって、神とは何なのでしょうか？　神とは何ですか？　少しこのことについて考えてみましょう。

神は愛です。神は私たちの一人ひとりの中にあります。神はどこにも、そしてすべてのものの中にあります。そう聞いて、どんな気がしますか？　ということは、神はあなたの呼吸のようなものです。あなたの中にいつもあります。神は愛です。そして神はあなたの中にあります。ですから愛はあなたの中にあります。私たちはいつもそれに気がついていないだけです。そして、たぶん、そんなことがあるなんて、受けいれられずにいるのかもしれません。

しばらくの間、静かにしていると、神は自分の中にいて、呼吸よりも身近に、そして、手や足よりも近くにいるというすばらしい事実に気づくことができます。この話の不思議さをしばらくの間、感じてみてください。

神はあなたの中にいるのですから、あなたは愛に満たされています。なんとすばらしい考えでしょう。すばらしい感じがします。そして、それは誰にとっても同じなのです。

神は太陽のようなものです。太陽はすべての人の上に輝いています。神の愛は私たち一人ひとりのためにあります。問題はただそのことに意識的に気づいているかどうかだけです。神の愛には一切差別はありません。それは無条件で、すべての人のためにあります。そのことに心を開いて気がつくかどうかは、私たち次第なのです。

14

愛について

神の愛はいつもあなたの存在の中心にあります。しかし、あなたはそれを呼び起こさなくてはなりません。神の愛は雪のひとひらひとひらに、鳥の一羽一羽に、木の一本一本にあります。神の愛はそよ風としてあなたにやさしく吹きつけます。神の愛は星の光となってあなたに輝きます。神の愛は太陽となってあなたを祝福します。神の愛はあなたの夢を呼びさまします。あなたが手に入れるのはむつかしいのではないかと恐れている夢です。どんな大きな夢であろうとも、大きすぎるということはありません。どんな星も遠すぎることはありません。上を見あげて、あなたの最も大切な夢を実現するのだと宣言して下さい。神の愛が実現させてくれます。神の愛があなたの世界の原子エネルギーを統括《とうかつ》しています。神の愛があなたの体の細胞を結びつけているのです。

ものごとがうまくゆかない時、あなたは神に見放されたと思うかもしれません。しかし、神の愛はいつもあなたと共にいます。

愛の力を学ぶと、あなたは人の欠点やあらさがしをしなくなります。見かけはどうあろうとも、あなたはすべての人の中に神を見るからです。

すべての人に愛を感じなさい。創造物のすべてを愛し、すべての創造物があなたを愛しているのを感じて下さい。すべてのものに愛を感じる時、それはまるで、大自然があなたに恋をし、あなたを助けているような感じです。

あなたが十分に愛する時、あなたはどんなことからも守られています。そしてすべてよいことがあなたにむこうからやってきます。愛はすべてを変容させます。愛は新しい世界を作ります。愛と平和は手をたずさえてやってきます。すべての人を愛しなさい。実際にそれを体験するまでは、美しいものが本当にあなたのものになることはありません。

15

恐怖を解き放す

恐怖は自分だけでなく他人に対しても、最も大きな制限を課すものです。恐怖は生命《いのち》とのつながりをたち切ります。恐怖は人生の豊かさを否定します。恐怖は人間を動物のレベルまで引き下げてしまいます。動物は生きのこるために常に恐怖の中で生きているからです。恐怖は私たちを神から分離してしまう罪深きものです。恐怖は私たちが本来生まれつき持っている神性や、人間の心の中にある愛や喜びや生き生きとした命の躍動《やくどう》の邪魔《じゃま》をするのです。

愛は私たちの内側の状態です。言葉で言いあらわす必要はありません。それは数えきれないほどいろいろな形で自然に表現されるものだからです。表情や、感触、行動に現われます。愛は万国共通の言葉です。言葉のない言語ですから、誰もが理解することができます。

愛はどこにでもありますが、十分に受けとるためには、それに気づかなければなりません。呼吸している空気はどこにでもあります。しかし立ちどまって、そのことに意識を向けなければ、空気の存在を忘れています。何ごとも当然だと思ってはいけません。当然だと思ってしまうと、人生の喜びやきらめきが感じられなくなるからです。人生は血わき肉おどる、わくわくするものです。すべてのことに意味があり、あるパターンと計画があり、それがすべてのものの中に動いています。何ごとも偶然はありません。何ごとも愛を消し去ることはできないということを、いつも憶《おぼ》えていて下さい。何ごとも愛に抵抗できません。

完全な愛はすべての恐れを追い払います。愛はすべての罪を解き放ちます。愛は世界を動かしてゆきます。世界に平和と統一をもたらすものは愛です。他のものには、それはできません。愛があるところに平和があるのです。

16 信仰をつちかう

信仰（faith）という言葉をある人たちは自分の奉ずる宗教的な教養や、自分が帰属している教会の意味に使っています。またこの言葉を信念（belief）または信頼（trust）の意味に使う人もいます。さらにはこの言葉を何らの証拠や証明もない自分勝手な確信（conviction）の意味で使う人さえいます。あなたにとって信仰とは何を意味しているのでしょうか？

今まで他人が力強くゆるぎない信仰を持っているのを見て、自分も同じように確固《かっこ》たる信仰を持ちたいと思ったことはありませんか？　今、あなたにも同じように信ずる力があることに気がつくべき時が来ています。

それにはまず、どんなに小さく、不確かなものに思えたとしても、今、あなたが持っている信仰心を用いることです。その信仰心を使ってゆくうちに、その信仰は深まり、どんどんと強力になって、確かなものとなります。精根《せいこん》尽《つ》き果てるまで信仰について語ったり議論したりすることは可能ですが、それを実行しなければ何の意味もありません。それがあなたにとって本物の信仰となるためには、その信仰に従って生きることが必要です。

水泳を習う時、おそかれ早かれ、水底から足を離して水の中で動き始めなければ、泳げるようにはなりません。信仰にも同じことが言えます。信仰に小さな一歩を踏《ふ》み出して、実験してみる必要があります。試してみて、うまくゆくかどうか発見しましょう。これが信仰の基本であり、信仰を強めてゆく方法です。

簡単に言えば、「信仰を学ぶためには、まず試してみよ」ということです。試す時、いつも前向きの態度をとりなさい。時には、失敗や挫折《ざせつ》や転倒などのように見える体験をすることもあるからです。そうなっても、ひるんだり、あきらめたりしてはいけません。子供が歩き方を学ぶのと同じです。失敗したら、レッスンを学び、起きあがって、もう一度最初からやってみましょう。

信仰こそあなたを完全にします。あなたを高め、輝かせ、変容させるのも信仰です。信仰に生きる時、すべてのものの中に神の手を見るでしょう。

何があろうとゆらいだりこわれたりしない、力強く前向きな信仰を育てましょう。信仰を持つことによって、あなたは暗やみに光を与え、愛なき場所に愛を与え、平和のない所に平和を与えることができます。あなたが自分の中にある神を信じれば、不可能なことはなに一つありません。

17

信仰はすべてに勝つ

急ぐ必要はありません。困難にぶつかった時は、それを克服することを大冒険だと思いましょう。悲しみに沈んだり、自己憐憫《れんびん》におちいったり、意気消沈《しょうちん》したりするのはやめましょう。探検家が未開の荒野で道をさがすように、またはエジソンが新しい発明の途上で障害を乗りこえたように、その問題に全力をつくして取り組みましょう。どんなにむつかしく見えようとも、困難をのり切る方法は必ずあります。祈りと瞑想《めいそう》によって、自分の意識を変えてゆくのです。意識を高めることによって、あなたのどんな望みもかなえられるでしょう。あなたが真剣にそれをしたいと望めば、いかなる方法をもってしても誰もあなたを引きとめることはできません。あなたが自分の意識を建てなおすのを、何ものも押しとどめることはできません。そして意識を建てなおすことは大冒険なのです。

もし、必要であれば、次のアファーメーションを使ってみて下さい。

「私は人生と調和している。そして変化にも同調している」

18 許すこと

私は人を許す時、自分に何かを与えます。人生をより一段と高める思い、その感覚、そして自分を豊かにする言葉などです。そうしたものによって、私は誤解という暗闇を打ち破って、真実の光の中へと抜け出します。

私はすべての人が許されるべきだとは必ずしも思っていませんが、かたくなな自分の重荷を解放することが必要であることは知っています。私はある人を許し、その人との人間関係の修復に愛と注意をそそぐことができます。その人との関係は終わってしまうとしても、その人のことを許します。新しい人生、新しい始まりに傷ついた思いをもちこみたくないからです。自分自身や他人を許した時、とてもすばらしいことが起こってきます。前よりも良い関係を作るチャンスを与え、受け取るのです。そして罪悪感と不安から自由になって、自分の目的を達成できるのです。

19 神とひとつであること

私たちは神の存在そのものの中に生きています。私たちの中に神がいるのです。私たちは常に神の存在とひとつですから、神の愛とも常にひとつです。私たちは神の命とひとつなのです。

自分が神の中で生きていることに気がつくと、私たちはほっとリラックスします。何も恐れるものはありません。神はいつも私たちと共にいるからです。神のいやしの力が及ばない状況は存在しません。私たちを祝福し、変容させる神の力より大きな不調和もありません。

今、この瞬間、神の存在が私たちを満たし、私たちを包んでいます。私たちは決して孤独ではありません。私たちはいつも神の命、神の光、神の平和、神の力とひとつです。神は今も、私たちをいやし続けています。神は今も、私たちを祝福しています。神は今、私たちを導き、インスピレーションを与え、私たちを繁栄させています。

私たちは神の存在の中に生かされています。神は私たちの中に生きています。私たちはずっと、神とひとつです。すべては完璧《かんぺき》です。そして私たちの進む道は、なだらかで整然としています。

20

新しい物が生まれる時

何か新しい物が生まれる時、それは生まれ出るために暗闇《くらやみ》の中に入って行かなければなりません。

一つの種子のことを考えてみましょう。袋の中に入っている限り、それは眠《ねむ》ったままです。それが一度、袋から取り出され、土の中の暗闇に播《ま》かれた時、変化し始め、成長し、広がってゆきます。ある種子は他の種子と比べて、発芽に時間がかかります。

自分に何が起きているのか、よく見るための時間が必要です。私は種子と同じように、成長して変わるために、暗闇の中に入ってゆかなければなりませんでした。暗闇にいると言って落ちこんでしまうかわりに、これはひとつのすばらしい神の計画の一部であって、成長し、変化し、動いている時期であり、そのすべてが暗闇の中で起こっているのだと理解することができます。恐れることは何もありません。通過しなくてはならない過程であることを受け入れ、すべてのものと一緒に流れてゆくことだけが必要なのです。

自分が思っていたよりも、この段階が長く続いたとしても、落ち込んで絶望してしまわずに、多くのことが自分の中で、そして暗闇の中で起っていることを理解し、辛《しん》抱《ぼう》強く神の完全なタイミングを待つことが必要です。

すべて自分に起こって来ることは、自分が学ばなければならないレッスンとして受け入れます。このレッスンはたくさんの人々を助けるために使うことができます。彼らがいま通過している大変な暗黒の時期は、人生の中で特別に大切な時期として利用することができること、そしてますます苦況におちいらないためにも、落ちこんだり、絶望してはならないということを明らかにするからです。この暗闇の時期に、すばらしい変化が人生にたくさん起こるのです。最初人生がまっ暗闇に落ちた時、私はとても恐れました。すべてを失ったと感じて、木ばかりが見えて、森全体が見えなかったからです。

私は気持を平和に保ち、森の中に一本の細い道を見ました。そして、その道にそって進んでゆきました。すると、美しい木や森が見えただけでなく、私のまわりの自然の美しさも目に入ってきました。私は何も物が見えなかったのに、今はよく見えます。そして見るものすべてに感謝しています。

21

刈り込み

誰かが果物の木を刈《か》り込んでいるのを見た時、不必要に育った枝をすべて刈り込むのは、何と情《なさ》け容赦《ようしゃ》のないことだろうかと感じたものです。しかし、その時、これと全く同じことが自分にも起こっていることに気がつきました。私の不必要な部分はすべて刈りこまれていたのです。それは、時が来れば、豊かなスピリチュアルな果物がたくさん実って、たくさんの人を助けてあげられるようになるためだったのです。

22 毛虫

私は毛虫のような自分を見ました。目の前にあるものをみんなむしゃむしゃと食べていました。人生の物質的なものがとても大切だったのです。ところが、私の深いところで何かが起こり始めました。まわりで起こっているものすべてにとても不満になり、満足できなくなってしまったのです。私は変わりたくなりました。違うものになりたかったのです。その時期の私は、さなぎ、あるいはまゆの中にいたと言えるでしょう。静かになって、多くの時間を祈りと瞑想《めいそう》ですごしました。暗闇にいた時期でした。自分の中にこもった時期だったともいえるでしょう。

そしてある日、幼虫は何かもっと違うものになりたいと思いました。再び変化したい、狭《せま》くて暗い場所から光の中に出てきて、蝶《ちょう》になりたいと思ったのです。人々から離れて、一人ぼっちでいた時期は終わったのでした。私はうごめき、身をくねらせ、やっと光の中へ、太陽の光の中にからをやぶって出て行きました。最初、私の羽はぬれてくっついていました。しかし、太陽の光の暖かさで、すぐかわきました。私は羽をふるわせて飛び始めました。私は自由でした。自由、自由。私は自由と魂の喜びを感じました。人生が喜びと調和、愛と光に満たされました。

私は自分がこの地球に特別な理由があって生まれて来たことに気がつきました。私は何をしにここにやって来たのでしょうかと聞いてみると、体の内側から答えがやってきました。私は神と人類に奉仕するためにここにいるということでした。どうしたらその役目を果たせるのでしょうかとたずねると、何ごとにおいても神を第一にしなさい、いつも神に名誉と栄光を与えなさいと言われました。人類に奉仕する方法は、自分の中に意識を向けて、自分の神性を発見するように人々を仕向け、自分の神なる中心部分から生き、行動し、存在するように勇気づけることでした。具体的に言えば、彼らが神聖なる存在であることを示すこと、世界中に愛と平和と喜びの種子をまくこと、神のような存在になること、そしてすべてが完全にうまく行っており、すべてが完全に展開してゆくことを知って、人生を安心して生きてゆくことでした。

それこそ私が今していることです。そして私の人生はとてもすばらしく、喜びに満ちています。今私は、すべてのものには神の目的と計画があることを知っています。私の心は起こっていることすべてに対する賞賛と愛と感謝にみちあふれています。

23

あなたはどう感じていますか

あなたの感情を感じて下さい。感情など自然に感じているよ、と言うかもしれませんが、私たちの多くは、感情を押さえこんでいます。子供の時、感情を表現してひどくしかられたことがあるのかもしれません。または、その感情に圧倒されて、自分をコントロールできなくなってしまうのを恐れているのかもしれません。

しかし、実はもっとよい対処の仕方があります。感情に関する普遍的な法則に基づくものです。感情は体験すれば、消えます。感情に抵抗すればするほど、消えずに抑圧されて残ります。

感情そのものに良い感情も悪い感情もありません。感情はただの感情なのです。いわゆる否定的な感情——怒り、怖れ、つらさ、悲しみ、いらだち、絶望などは有害なものではありません。その感情が良いか悪いかは、あなたがそれを受け入れるか、拒《きょ》絶《ぜつ》するかで決まるのです。

もしこのことについて実験をしたかったら、二、三分間、一人になってすわり、目を閉じて下さい。リラックスして、何か昔の感情を思い出してみましょう。その感情を実際に体験していると、その感情が溶《と》けてゆくのを見て下さい。もし、不愉快《ふゆかい》な気持がわきあがってきたら、その痛みを瞑想《めいそう》に使いましょう。その痛みを大きく吸いこみます。痛みに身をまかせ、その痛みが変化してゆくのを見守って下さい。

この作業を繰り返し行なってしこりとなっている過去の感情を解放してゆくと、あなたの身体と魂に生き生きとした力が湧《わ》きあがってきます。もうその痛みを押さえるためにエネルギーを使わなくてすみますから、あなたは今までにないほど生き生きと感じます。そして、あなたの中にある創造力を表現するための、より透明で太いエネルギーの通り道（チャネル）になります。

ここに、役に立ついくつかのアファーメーションを書いておきましょう。

1、私のすべての感情は価値があります。
2、感情を感じる時、私は気持良く感じます。
3、感情を感じても私は安全です。
4、私の感情は私に活気とエネルギーと力を与えてくれます。
5、私は喜んで自分の感情に身をゆだねます。感情は私の友人だと知っているからです。

感情は波のようなものです。存在という大海の表面で、それが行ったり来たりするのをよく観察しましょう。

24 ポジティブ・シンキング

あなたは本当に変わりたいですか？　本当に楽しい充実した輝く人生を生きたいと思いますか？　自分で実験して試してみたいと思いませんか？　もしそうだったら、あなたに一つの提案があります。まる一週間の間、ポジティブで建設的で創造的で愛に満ちたことだけを思って下さい。あなたの思いをよく観察します。そして、もし、否定的な思いが浮かんだとしても、それにとらわれないようにしましょう。その否定的な思いに力を与えてはいけません。何か他のことを考えましょう。

自分が批判的だったり、独善的だったり、落ちこんだり、失望したり、困難におちいったり、悪意に満ちたり、しっとしたり、病気や事故を心配したりして制限や悲観的な思いをどんどんふくらましているのに気がついた時は、その思いにとらわれないで、何か良いこととかポジティブなことを考えましょう。これは口で言うほどやさしいことではありません。しかし、否定的な思いからポジティブな思いに考え方を変換できるようになった時、あなたの人生全体が変わります。

いつも自分の思いに注意を向け、常に気を配っていなくてはなりません。私たちのまわりにある新聞やテレビやラジオは、否定的なことばかりであふれています。そうした否定的なことにひきずりこまれ、その一部とならないように気をつけましょう。そして、すべてのことの中によい面をさがしましょう。

あなたが他人やものごとにとても否定的で批判的な人と一緒にいたとします。あなたは、その人にお説教する必要もなければ、否定的だと非難する必要もありません。ただ、あなたの思いの中で、あひるの背中が水をはじくように、否定的な面から意識をそらせてしまいなさい。そんなことにまきこまれる必要はありません。何か他のことを考えましょう。あなたの思いはあなたのものであり、あなたは自分の思いを支配することができるのです。「**あなたは自分が思うところのもの、そして、あなたが思うものが実現してゆく**」ということをおぼえておいて下さい。ですから、愛に満ちたポジティブで建設的なことを思えば、あなたは楽しく調和のとれた人生を送ることができます。そしてミツバチがはちみつに引きつけられるように、人々があなたのところに引きつけられるでしょう。

毎日の生活で起こる困難な問題に押し潰《つぶ》されず、また、怖れずにむしろそれを問題だと思うのを止めると、あなたはポジティブ・シンキングで、問題を克服することができるでしょう。そしてそれはあなたに悪影響を与えなくなります。ふだんの生活を続け、何か問題にぶつかった時は、「どんな問題からも私は影響されません」と宣言しましょう。そして、すべてはうまくゆくことを知って下さい。

自分の思いをコントロールできるとわかれば、誰かがあなたに否定的な思いを投げかけてきても、それはブーメランのようなものだと思うことができます。その思いはそれを投げた人のところへまっすぐにもどってゆくのです。あなたは何もする必要はありません。その人に対し、つらく当たる必要もなければ、心を閉《と》ざす必要もありません。ただ彼らの否定的な部分を受けとらなければいいだけです。

状況を変えるのはあなたの受けとめ方であって、議論や論争やお説教ではありません。あなたが状況に対してどのように対応するのかが大切なのです。

このポジティブ・シンキングの練習が私の人生にどのように役にたったかを私は知っています。フィンドホーンができたばかりの頃、私は驚くようなガイダンスを受けとり、それをピーターにも教えました。すると彼はすぐさまとび出していって、ガイダンスで言われたことを実行し、私はそこにとどまってびくびくと怖れていました。私は疑いが入りこんでくるのを許していたのです。ピーターは私に言いました。「君はポジティブ・シンキングについて書かれたものを読んで勉強する必要がある。そうすれば、君は自分や君が受け取っているガイダンスを疑わずにすむようになるから」そこで私は毎晩一時間、ドロシーの小さな部屋で窓の方を向いてすわり、アファーメーションを唱えました。（その頃はまだアファーメーションとは呼んでいませんでした）それはとてもポジティブで、建設的で、愛にみちたものでした。「私は愛です」「私は力です」「私は信仰です」というようなアファーメーションでした。私はその言葉を何回も何回も繰り返して言いました。その時、自分は一体何をしているのかしらと思いました。「もし、誰かが窓の外を通りかかり、私がこんなことを自分に言い聞かせているのを聞いたら、その人は何と思うだろう」とか「こんなところにすわって、何回も何回もこんなことを口にしているなんて、時間の無駄《むだ》ではないだろうか」などという思いが、私の頭に浮かびました。一時間もポジティブで建設的な思いで頭を満たしておくのは本当に大変なことでした。それは静かな場所で、沈黙《ちんもく》のうちに行なう瞑想とは違いました。瞑想の方がずっと簡単でした。アファーメーションはとてもたいくつな作業でした。しかし、いったんやり始めると、言葉が生きてくるのがわかりました。言葉が意味を持ち始め、もうオウムになったようには感じなくなりました。そして次第に、私は言葉そのものになってゆきました。そしてついに「私は言葉そのものです。私は愛です。私は力です。私は信仰です」ということに気がついたのでした。

私はまた次のことに気がつきました。私が「私」と言う時、それは私の中の最も崇高な部分である内なる神を指しているのであり、私のその部分はまさしく愛であり、信仰であり、力でした。

あなたにできることは、自分で試してみて、どんな効果があるか見てみることです。ただ私の言うことを聞くだけでなく、自分で試してみて下さい。

25

平和を実現するために

私たちが自分の人生に平和をもたらす時、世界の平和に貢献します。まず、自分の心と精神の中に平和的な環境を作り出します。自分のまわりに平和な空気を作り出すように努めます。会話の中にも平和の思いをこめます。声としぐさの中に静けさを保ちます。平和的な解決をもたらさない行動からは、すみやかに静かに手をひきます。言葉ではげますだけでなく、自ら例を示して、人々に一緒に平和を作ろうと呼びかけます。

人々が平和な思いを思い、平和な言葉を語り、平和な方法で行動する場所には、必ず平和がおとずれると私たちは確信しています。平和と幸せは密接に関連しています。ですから、自分の幸せを他人とわかちあってゆけばよいのです。いつも平和な態度をとるようにしましょう。平和は神のやさしい愛にあふれた心の中にやどっています。

26

私の人生に必要な資質

人生が神によって導かれ、インスピレーションを受けとり、繁栄し、いやしの道具となり、私を通して真実の光を輝かせるためには、私には次のような資質が必要です。

調和　私は愛し許すことが必要です。すべての人々、すべての状況の中にある神の資質を理解し、私の人生に根づかせてゆく必要があります。私が今感じている愛を行動に移す必要があります。友達に特別の思いをよせる必要があります。お世話になった人に感謝の手紙を書く必要があります。はげましや賞賛を必要としている人にはそうした言葉をかける必要があります。私は神と一つであり、神の手足であることを忘れずに、接するすべての人々に神の愛と調和を表現する必要があります。

いやし　人生に神の思いを反映してゆく必要があります。ただじっとして自分の不運をなげき、自分にできないことをあれこれ考えるのではなく、今の自分が表現できることを行動に移します。私は歩くことができるだろうか？　指を動かすことができるだろうか？　もし、そうなら、その一歩を踏み出し、指を動かしてみます。神の思いをどのように使えばいいか、神の思いがどのようにしてより深い理解をもたらし、大きく実現してゆくか、知る必要があります。

豊かさ　自分が持っているものを感謝の気持を持って使うようにしましょう。毎月の請求書を支払うだけでせいいっぱいでしょうか？　そうであれば、支払わなければならないものは喜びをこめて支払いましょう。自分のお金に対する正しい態度が、どのように私の心を開き、必要なものが常に与えられるようになるかを理解する必要があります。

神の導き　静かにすわり、自分の心の中心に神を思い、待ちます。そして、自信と信仰を持って行動し、霊《スピリット》の光が一見克服できそうにもない障害を解決して、私を確実に成功と達成へと導いてゆくのを見ます。

私は力強く、勇気をもって、恐れることなく前進します。まず最初のステップを踏み出すと、次のステップは向こうからやってきます。私が始めさえすれば、成就しなければならない仕事はおのずと完成します。

待つ必要はありません。良いことは延ばし延ばしにする必要はありません。ためらいがあるかもしれませんが、今すぐ行動に移りましょう。驚くべきことが開けてきますが、まず行動を起こすのは自分です。第一歩は自分で踏み出さなければなりません。そうすると、あとのことはすべて、自然に起こってきます。神は自分の中にいて、自らを救う者を救おうと待っているのです。

27 世界平和

「私はもちろん世界平和を願っているけれど、世界平和のために私に何ができるでしょうか。私はただの個人にすぎない。たった一人の人間が世界平和などという大きなものを作り出せるはずがない。そういうことは、政府や政治家や平和運動家にまかせておくことにしよう。誰か他の人ならできるかもしれないが、私などが声をあげても荒野の遠吠《とうぼ》えみたいなものだから」

このように言うことはなんと安易なことでしょうか。そして、このように考えることはカタツムリのように自分の小さなからの中にかくれてしまうようなものです。そして、世界の状態を個人ではどうすることもできないと感じて、世界情勢について無関心になってしまいます。

私たち一人ひとりは、何ができるのでしょうか？　世界平和に対する私たちの責任感はどこにあるのか、自分自身に問いかけてみましょう。

私たちのすること、私たちの生き方、私たちの考え方が、世界の平和に影響を与えることができるのです。

世界平和についていくら語ったとしても、世界平和をもたらすことはできません。平和についてものを書き、パンフレットを送り出しても、それで平和を作ることはできません。私たちがしなくてはならないことは、自分の中に深い平和と調和を見つけることなのです。それこそが世界平和に貢献《こうけん》することです。私たちは混沌《こんとん》と混乱の一部ではなく、平和の一部になることができます。今こそ創造し、建設し、仲間たちと手をつなぐ時です。そしてこれもまた、私たち一人ひとりの中から始まります。今ここから始めることができるのです。誰かがやってくれるのを待っていてはいけません。

自分の内に目を向けて、どこから始められるか見てみましょう。ほとんどの場合、それはとても簡単です。あなたの家庭、あなたの家、あなたの隣近所に今、何が起こっていますか？　先週、あなたは友人と対立しませんでしたか？　平和はすぐここ、自分の人生や日々の生活の中で崩壊《ほうかい》します。自分の中に平和と調和を見つけ、お互いに愛することを学ばずに、世界平和を望むことなどできるでしょうか？　平和をもたらすものは、愛と理解と寛容の心なのです。

私たちのまわりには平和に反するものがとてもたくさんあります。新聞を読んでも、ラジオのニュースを聞いても、否定的で破壊的な思いがどっと攻撃してきます。こうした否定的な思いにどう対処《たいしょ》するかはあなた次第です。あなたの対応の仕方がとても大切です。否定的な思いを吸収して落ちこみ、自分もその否定の一部になってしまうか、あるいは、そんなものから超越して、それらを良いものに変えてゆくかのどちらかです。病気の一部になるか、あるいは治療の一部になるかです。――それはあなた次第です。あなたが気がつくのが早ければ早いほどいいのです。否定的なものごとは黒い雲のようなもので、あなたの中の光がそれをとかすほど十分に強くなければ、あなたのまわりをとり囲んでしまいます。あなたの光をいつも輝かせて、暗い雲などすぐに追い払ってしまいましょう。そうする仲間が多ければ多いほど、否定性や暗黒が消えてゆきます。ですから、私たち一人ひとりの内なる光をもっともっと輝かせるようにしましょう。

平和とは顕現《けんげん》した神のエネルギーであり、安定と信頼、心の清澄《せいちょう》さと祝福をもたらします。平和とはポジティブな神の顕現です。

私たちは誰もが平和を願いますが、平和をまちがった方法で求めようとしています。頂上から始めないで、基礎から始めなくてはなりません。「私たちが考えるように、私たちは存在します」国民が望む通りに国はなりたちます。国民が好戦的であれば、必ず戦争が起こります。平和についていくら語ったとしても、平和はやってきません。お互いに愛しあい、自分のためだけでなくお互いのために生きることを学んだ時、私たちは平和を実現します。この岩のように堅固な基礎から、世界に平和をもたらすことができるのです。

平和の本当の意味を理解し、すべての理解を超《こ》えたところにある平和を見つけるために、平和の外側の形態から目をそらせてみましょう。目をとじて、静かになって下さい。感覚を静めて、深呼吸をします。平和な心と頭脳なくしては、私たちは夢の中に存在しているようなものです。一日を平和な心でスタートし、平和を実践してみましょう。目がさめた時から、あなたの心を平和な思いで充《み》たし、それを毎日の生活の中に生かしましょう。

意識を変えることによってしか、平和を創ることはできません。人々に説教したり、政府を批判しているだけで平和をもたらすことはできません。変わる必要があるのは他の人々ではなく、私たち自身が変わらなければならないのです。「あなたの心を新しくして変わりなさい」そうするための方法があります。それは休むことなく心で祈ることです。私は祈りの力を信じています。祈りこそ誰もがしなくてはならないインナー・ワーク（心の仕事）です。それも時たまやるだけではなく、常に祈っていることが大切です。これこそが平和をもたらすものなのです。

調和について考えてみましょう。――すべての中にある調和、どんな状況の中にも存在する調和、変化の中に存在する調和のことです。

もし、その中に愛の糸が存在していなければ調和はあり得ません。すべてを結びつけているのは愛だからです。たとえ二人の人間が全く違う道にいて、全く違う人生を生きていたとしても、二人の間に愛が流れていれば、二人は一つになることができます。個人個人の間や、グループの中、共同社会の中、世界中に、愛が流れている時、そこにすばらしい平和と調和とワンネスがあります。それはどこからか始めなくてはなりません。まず自分の心の中から始めたらいかがでしょうか？　私たちは無理に他人を愛することはできません。しかし、自分の心を開き、愛が流れるのを許した時、私たちは次第に批判的でなくなり、そのままの他人を受け入れられるようになります。そしてついには、その人がどんな人種であろうとどんな信条を持ち、どんな宗教であろうと誰かを愛するという本当の意味がわかってきます。

愛こそがすべてを結びつけます。愛こそすべてのドアを開く鍵《かぎ》です。愛こそすべての傷をいやす香油《こうゆ》です。愛は暗闇《くらやみ》を輝かす光です。お互いを愛する時、私たちは何もせずにただ人々の生き方や行動、宗教、儀式、信条などを批判するようなことはしなくなるでしょう。自分の心が平和な時、もはや他人を変えるために時間を使う必要はありません。ただあるがままにいることを学びます。するとそこにいるだけで全ての命とひとつであるという感覚が生まれます。平和は最高の状態です。神の目から見れば、私たちはひとつなのです。なぜなら、神は愛だからです。私たちは自分が思っている通りになり、自分が考える通りに創造するということを忘れないで下さい。私たちは本当に神の共同創造者なのです。

28

新しい世界

「近ごろの世界はなんと乱《みだ》れているのだろう。世界は混沌《こんとん》と混乱のきわみだ」という言葉を、あなたは何回聞いたことでしょうか。また自分でもそう言って何度なげいたことでしょうか。そして、それに対して自分ができることは何もないと感じています。もう絶望的だ、自分にはどうしようもないと感じて、カタツムリのようにからの中に閉じこもってしまって、世界がますます悪くなってゆくにまかせています。

この地球の現状に関するあなたの責任感はどこにいってしまったのですか？　あなたが行なうこと、あなたの生き方、あなたの考え方が、世界を良くも悪くもすることに気がついていないのでしょうか？

海岸を作っているのは小さな一粒一粒の砂です。大洋を作っているのは小さな一滴一滴の水滴です。あなたがどう考えて何をするかが、世界を良くも悪くもするのです。あなたはそのことを考えたことがありますか？　愛のあるポジティブで建設的な思いを持つ魂が増えれば増えるほど地球は良い場所になります。あなた方はみなこのすばらしい世界のとても大切な一部なのです。あなた方の一人ひとりはこの大きな全体の中のとても小さな部分ですが、それぞれに果さなければならない特別な役割があります。あなたがその役割に早く気がつけば、それだけ早く、世界の状況は変わります。

世界的な混沌と混乱と破壊《はかい》の思考の渦《うず》に巻きこまれるのはやめましょう。今すぐ、あなたのまわりの世界のすばらしさと美しさに、心を集中させましょう。すべてのものに感謝しましょう。あなたが出会う人すべてを祝福しましょう。人々の中、ものごとの中、状況の中に最悪の部分を見るのはやめ、いつも最善の部分を見るようにしましょう。最善の部分に意識を集中し、あなたのまわりの世界で起こるすばらしい変化を見るようにしましょう。

あなたにはそれができます。それも今日から始めることができます。いいえ、今すぐ始めることができます。これは、だちょうのように頭を砂の中にかくして、世界の現実に直面するのを拒否するのとは違います。ただ、すべてのものごと、すべての人の中に、最もすばらしい点をさがし、そこに意識を集中させるということです。

あなたはあなた自身の小さな世界です。あなたの内にある世界に平和と調和と愛と理解がある時、それはあなたのまわりの外の世界に影響を与えます。まず、自分の家の中をきちんとすることから始めましょう。あなたの思いと生活の整理から始めなさい。他人を指さして、まちがいや失敗を指摘するのはやめましょう。自分のことを正すだけで十分です。そうすれば、あなたは世界全体の状況を助け始めているのです。

今すぐあなたのいる世界を愛し、思い切り楽しみ、その美しさとすばらしさを十分に吸収しましょう。世界はエネルギーとやさしさに満ちています。この世はとてもすばらしい世界です。そしてそこに住むことのできるあなたはとても恵《めぐ》まれているのです。天界を地上におろすのはあなたです。そのために何をしていますか？　他人がそうするのを見ていないで、あなた自身で何か始めて下さい。

29 新しい世界へ

世界の思考形態は常に変化します。現在もそれは起こっていて、新しい思想、新しい考え、新しい方法、新しい言葉、新しい文章が古いものと入れ代わりつつあります。時には古い思想を簡単にあっという間に捨て去ることができますが、時にはそれにとても永い時間がかかることもあります。何度も何度も繰り返しながら少しずつ捨ててゆくのです。多くの人々が望むようにいつも一夜のうちに起こるわけではありません。変化が進行している間は、とてもがまん強く、寛容《かんよう》であることが大切です。あなたはもうニューエイジが始まっていて、本当にすばらしいことが起こっているのを知っています。しかしまだオールドエイジ的なものがたくさん残っており、それらは打ちこわされ、変化してゆかなければなりません。

あなたは『鏡の中のアリス』のようになれます。何の問題もなく、新しい人生、新しい国、新しい世界へとすんなりと入りこむことができるのです。しかし、疑いや怖れや古いものに対する執着《しゅうちゃく》を持たずにそれができるのは、ほんの少数の人だけです。

大好きな古いよごれたおもちゃを子供から取りあげて、新しいずっと良いものに代えようとしているようなものです。最初、子供は新しいおもちゃを拒絶《きょぜつ》し、古いものにしがみついて手放そうとしません。力づくで子供から古いおもちゃをとりあげようとすれば、子供は泣き叫《さけ》び、古いものに恋いこがれ、新しいものには見向きもしません。古いおもちゃの横に、新しいおもちゃをそっと置いてやったらどうでしょうか？新しいおもちゃは何度も投げ捨てられるかもしれません。しかし新しいおもちゃに慣れるにしたがって、子供はそれを受け入れ、楽しみ始めます。古いおもちゃは次第に見向きもされなくなり、最後には捨てられます。

さまざまな角度から今、あなたに投げかけられている新しいものについても、同じことが言えます。多くの人々は新しいものを受け入れることができず、そんなものにかかわりたくないと言って、投げ捨ててしまいます。しかし、それが新しい方法、新しい言葉、新しい文章で絶えず提示されていると、いつの間にか潜在意識の中に吸収されてゆき、最終的にはそれは彼らの一部になってゆきます。

新しいものを人類に提供するためには、私たちはみんな忍耐と根気とがんばりが必要です。古い習慣は簡単には壊《こわ》れません。特に悪い習慣であれば、もっと簡単ではありません。最初の第一歩を踏み出す前に、まず古い習慣を打ち破りたいという気持が必要です。今、提示されている新しい生き方を受け入れる準備が整う前に、魂の中に深い霊的な渇望《かつぼう》があることが必要です。いろいろと違った形でくり返し提示されないと、このすばらしい真実を受け入れることができない人たちはたくさんいます。がっかりしたり、くじけたりしてはいけません。忍耐が最終的には勝ち、新しいものが認められ、受け入れられ、生かされるようになるのです。

30

冒険する心

何か新しいものを創造するためには、勇気と想像力とインスピレーションが必要です。これは自分の限界を広げ続け、成長しつづけて、古いものが新しいものにとって代わられ、完全になくなってしまうまで、それを続けなければならないことを意味します。そうすると反対者が現れます。そして、その反対に耐《た》えるには勇気が必要です。世間には新しいものに必死で抵抗する人がたくさんいます。彼らは不安を感じ、新しいものを理解できません。そして今まで慣れ親しんできた環境にそのままいたいのです。邪魔《じゃま》をされずに今までどおりの生活を送りたいのです。何か全く新しいことを生活の中に取り入れなければならないとなれば、日常生活を変え、自分のイメージをも変えなければならなくなるからです。今まで築いてきた生活全般が崩壊《ほうかい》してしまうかもしれません。事実、それは今までの快くて安楽な世界がひっくり返ることを意味しています。彼らはそんなことにはかかわりを持ちたくないのです。

全く新しいものに移行するためには冒険心が必要です。そして、そこに達するために、地獄でも荒波でも喜んで乗り切ってゆく精神を必要とします。それは、期待するほどものごとがうまく進展しない時も、困難をおそれたり、狼狽《ろうばい》したり、失望したりしないことを意味します。そしてあるべき姿のビジョンを、それが形となり現実となるまで、しっかり持ち続けることでもあります。新しい世界に移行する勇気を持つ魂は、挫折《ざせつ》や失望に対して心の準備をする必要があります。そしてまた、決してあきらめずに進み続ける気持が大切です。

歴史上、何か新しいことをなしとげた人々は、人々のあざけりや反対に果敢《かかん》に対処しなければなりませんでした。自分が創造しようと決めたもののビジョンがはっきりしていたために、古いものに押しもどそうとする力を超越することができたのです。彼らのゆるぎない決意が前進をうながし、目的を達成させました。そして最終的には受け入れられたのです。そのためにはがまんと努力と忍耐が必要でした。

この冒険の人生は弱虫のものではなく、強い内なる確信と、自分はまちがってはいないという自信を持つ人々のものです。それには困難の中を通りぬける決意と、強さと勇気が必要です。嵐にゆるがぬ岩のような信仰と信念が必要です。神の力と導きによってすべてがなされた時、すべては順調で、その結果は完璧《かんぺき》であることを知りましょう。神があなたと共にいることを知り、喜びましょう。そして奇跡が次から次へとやってくるのを見て下さい。新しい世界に踊りながら、心とくちびるによろこびの歌を口ずさみながら入ってゆきましょう。ニューエイジはここにあり、あなた方はニューエイジの人間なのです。

31

愛の力

私を愛という主題の専門家と思わないで下さい。私はそうではありませんから。私は愛について、とてもたくさん、考え、そして瞑想《めいそう》しました。そこで私が発見したことをいくつかわかちあいたいと思います。

愛にはとても多くの種類があります。そのために誤解されやすい言葉かもしれません。いろいろな種類の愛とそれぞれの意味を学んでから、私は自分がアガペの愛、つまり無条件の神の愛についてもっと知りたいと思っていることに気がつきました。そこで、その愛を私の人生に取り入れることにしました。まず、愛する人と愛さない人を選ぶことをやめて、すべての人を愛することができるようにと祈りました。私はとても真剣でした。非常に強力なエネルギーがやって来る時は、それがどんなものであれ、その結果を責任を持って受け入れなければならないことを知っていました。もし無条件で愛することができるのであれば、私はどんなことが起ころうと喜んで受けいれますと神に言いました。そうです、「何もかも」と言いました。しかし私に起こったことは破滅的な事態でした。二十七年間つれそった夫、ピーターに捨てられてしまったのです。私がこのことについて問いただしてみると、私の内から次のような答えが返ってきました。「あなたは無条件に愛したいと思っているのではなかったの？　これは無条件の愛を学ぶための絶好の機会ですよ」私は息を呑《の》みました。今までそんな風に考えてみたことは一度もなかったからです。どのようにしたらこの出来事から良い結果を生むことができるのでしょうか。

ある日のこと、私はバスに乗っていました。そして、無条件の愛について自問自答している自分に気づきました。私はそれを書きとめることにしました。すると、短い鉛筆で封筒の裏側にこう書いていました。「私はあなたに、あなたは私に、『愛している』と、二人ともこだわりも不安も相手に対する何らの期待も抱かずに言えるでしょうか？　私たちは何の期待も要求もなしに無条件で愛することができるでしょうか。私はできると思いますが、これは口で言うことではなく、そのように生き、そして示すものなのです」そうです。これこそ、無条件に愛する「方法」なのです。そして、問題は実行に移す方法です。同性に対しては簡単かもしれませんが、異性に対してはどうでしょうか？

この無条件の愛の問題を夫に対して、どのように実行すればいいのでしょうか？　私はピーターのことを心に思い描《えが》いて瞑想し、自分にいくつかの質問をしてみました。

もしこれらの質問に肯定的に答えることができれば、私は無条件に愛していると言えるでしょう。私が自分に問いかけた質問は次の七つでした。

1、判断や批判や非難をせずにあるがままの自分自身であることを自他共に許せるだろうか？

2、何も相手にみかえりを期待しないで、人を愛し続けることはできるだろうか？

3、一緒にいても、離れていても、同じだけ深くその人を愛することができるだろうか？

4、その人の言ったこと、したことを認めることができなくても、その人を愛し続けることはできるだろうか？

5、相手が成長し大人になるためならば、喜んで彼を行かせてあげられるほど、深く誰かを愛せるだろうか？

6、もし自分が助け続けたらその人の成長と進歩をさまたげると知った時、彼を助けるのをやめるほど、誰かを愛せるだろうか？

7、自分のもとを去って誰か外の人のところへ行ってしまう人を見送り、つらさや、恨《うら》みや、しっと心をいだかずにいられるほど、誰かを愛することができるだろうか?

こうした質問に対して「はい」と心の動揺を感じないで答えられるようになるまでに、五年半かかりました。あなたの場合、いかがでしょうか? 誰か百マイルも千マイルも離れている人のことを愛していると言うのは、とてもやさしいことです。しかし、面と向かって顔を合わせた時はどうでしょうか? あなたは本当に彼らを愛することができますか? それとも、心の中につまらない小さないらだちが湧《わ》いてくるでしょうか? おそらく、あなたは自分がひどくあつかわれたことに怒りを感じたり、自分が持っていない魅力を持つ女性にしっとを感じたりするでしょう。びっくりするような思いが、心に湧き上がってくるものです。私の個人的な体験から言えば、無条件の愛などどたちどころに窓の外へ飛んでいってしまうでしょう。

こうした状況にあった時、何ができるのでしょうか。自分が完全に失敗したと感じて、もう立ちあがれないほど打ちのめされてしまった時、私にできたことは、祈り、神に助けを求めることだけでした。私は祈りの力を信じています。内なる神、自分のハイヤーセルフと交信できると自分で信じているからです。そして神に助けを求めると答えが返ってきました。「自分を非難するのはもうやめなさい。自分を裁《さば》くのもやめなさい。自分を許して、前進しなさい。しなければならないことはたくさんあります」

もし、自己憐憫《れんびん》に身をまかせてしまったら、自分にも人にも、いいことは何もないと、私は気がつきました。自己憐憫《れんびん》はまったく時間とエネルギーの無駄《むだ》づかいなのです。ですからそうならないように気をつけ、何とかすべきなのです。学ぶべきことがあれば、すぐに学んで、前進しましょう。

無条件の愛を学ぶ時に最初にしなければならないことは、自分を愛することを学ぶことです。でもこれは私にとって、とてもむつかしいことでした。子供の時から教え込まれてきたことと反対のことを学ばなければいけなかったからです。何年も前のことですが、誰かが私にこう言いました。「アイリーン、自分のことを愛して下さいね」私はきっぱりと拒絶《きょぜつ》しました。私はそうしつけられていなかったのです。そんなことは馬鹿げている。自分は欠点だらけで失敗ばかりする人間なのに。それからしばらくして、鏡の前で髪をとかしている時、「あなたはとてもすばらしい女性よ」と言っている自分に気がつきました。一瞬、私はショックを受けましたが、鏡に映《うつ》った自分の目の中を見つめ続けました。そして、目は魂の窓であり、私は自分の中の神を見ていることに気がついたのです。それはとてもすばらしいことでした。その時、私は自分のすべてを愛することを学び始めると共に、私が自分の中の神を愛していることに気がついたのでした。自分の中の神を愛し始めると、他人の中の神が見えてきます。そしてあなたは無条件に人を愛し始めていることに気がつくでしょう。

それが目的なのです。あなたはもはや、愛する人と愛さない人を選択しなくなります。すべての人の中に最善と最高のものが見え始めます。そして最善と最高のものをその人から引き出すようになります。

聖書は「神を愛しなさい。そしてあなたの隣人を自分のごとく愛しなさい」と言っています。あなたはそうしていますか?　もしまだでしたら、そうしませんか?

32

無条件の愛

無条件の愛とは、自分の愛する者がすることは何でも受け容れるということではありません。無条件の愛とはこうです。「私はあなたを全面的に、そして無条件に愛します。しかし、あなたのしていることが好きでないこともあります」二つの基本的な違いがわかりますか？　その人そのものを批判しませんが、その人の外側のもの、あるいはその人の行為は批判します。これは小さな違いに見えるかもしれませんが、極めて重要なポイントなのです。

33

愛を実践せよ

愛は表現されなければ、抽象的なものにすぎません。私たちは愛について語ろうとも、愛を定義しようとも、それだけでは愛情深いとは言えません。

垣根を破りましょう。自分をいらいらさせ、邪魔《じゃま》をしている人や状況や環境を愛しましょう。人の神経を逆なでするような人に対しても、密《ひそ》かにその人の幸せを祈ってあげましょう。

頭の中でこう考えましょう。「愛しているよ。幸せになってね。私はあなたの中に神を見ます」相手は変わらないかもしれませんが、その人たちに対するあなたの態度は変わるでしょう。

とげとげしていて、冷たい人は明らかに愛を必要としているのです。非難してもはじまりません。「愛しているよ。幸せになってね。私はあなたの中に神を見ます」

あなたが良い方向にゆくのを邪魔するように思える人、あなたの安全と成功をおびやかすような人もいます。愛で恐れを追い出しましょう。「愛しているよ。幸せになってね。私はあなたの中に神を見ます」

愛を行動に移しましょう。愛情深くなりましょう。愛を持って、違いをなくしましょう。愛をもって、怒りを静めましょう。愛をもって、あなたの敵と和解しましょう。

愛は自然の摂理《せつり》を実現します。
愛がなくても、分かちあい、与えることができます。
しかし、分かちあいも与えもしないで、愛することはできません。
愛の贈りものとは与えることにあります。
何も期待しないで、愛を与えなさい。
何か期待すると、いつか失望を味わわなくてはなりません。
利己的でない愛は自由と成長をもたらします。
利己的な愛はよどみを生みます。
愛が無条件に与えられる時、
どんな反応をも受け入れられ、
許す必要はなくなります。
あなたの敵を愛しなさい。彼らもあなたと同じ人間なのだから。

34

愛だけが

誰かを助けてあげたいと思う時、あなたはどのように祈りますか？

まず、あなたの心に神を思って下さい。

神に達するために、遠くまで手をのばす必要はありません。神はあなたのすぐそばにおられるからです。神はまた、助けを必要としている人のところにもいます。

神の完璧《かんぺき》さはいたる所にあるということがわかるまで、思いをこらして下さい。あなたが助けようと思っている人のことを思い、その人も神の完璧さの中にいることを知りましょう。

あなたの心にその人のことが浮かんだ時は、いつも神に思いをはせましょう。あなたの心の目で神の完璧さを見て下さい。するとあなたの心の愛が完璧であるのを感じることができます。——

ぜひそうして下さい。

祈りとは思うという行為です。しかし、あなたが人のために祈る時、その祈りはむしろ愛の行為だと言えるでしょう。愛だけが、人と私たちをひとつにします。

愛はいつも力を持っています。なぜなら、愛は人をしばらないからです。愛は命じません。愛は所有しません。愛は人を自由にします。愛は愛する者の幸せを第一にします。愛は与えます。愛は見返りを期待しません。愛は自分によりも、愛する者により多くを与えます。

「私の望みどおりになりますように。私が思う通りになりますように。私が良いと思うようになりますように」などと、愛は言いません。心の中でさえ言いません。愛はお互いにこう言います。「あなたが成長の法則に従って、あなたらしく成長しますように。あなたの個性に従って、あなたらしくなりますように」愛は愛する者に命を与えるのです。

人から祈って欲しいとたのまれなくても、常に人のためにできる一つの祈りがあります。それは「愛の祈り」です。「愛の祈り」をするためには、その対象となる人がどんな欠点を持っていようと、そのままで完璧であるのを見ます。なぜなら、愛はいつも愛する者をそのような目で見ているからです。そのようにすれば、私たちは相手のすべての中から崇高で最善のものを引き出すことができるのです。

35

愛は素早く許す

愛は素早く許し、素早く忘れます。愛は心の傷やうらみに固執《こしゅう》しません。愛は思いを浄化し、心を軽やかにします。愛は神や人々との完全な調和と合一を邪魔《じゃま》しているいかなる感情をも浄化します。

愛は心の傷、うらみ、混乱、怖《おそ》れ、過去のあやまちを忘れさせます。愛は神の導き、強さ、気づき、理解を記憶させ、私たちをさらに愛情深く、さらに賢く、さらにすばらしい人間へと成長させます。

私たちは愛に人生をまかせます。愛は思いをいやし、許せないと思っていたことから私たちを解放し、自由にします。

私たちは自分を許し、そして人を許します。

私たちは心を愛で満たします。愛が心に満ちた時、私たちは平和になり、感情のバランスが保たれます。愛は許し、忘れます。

36

許すこと

誰かに不当にあつかわれたと感じた時、傷ついた感情をいやす方法を私は知っています。すぐに心の中で、許しの祈りを唱《とな》えるのです。「あなたを許します。私はあなたに対する否定的な思いを解放します」この祈りを唱《とな》えると、私は否定的な気持からすぐに解放されます。

私は毎日、いろいろな方法で許しの言葉を口にするようにしています。夜、寝る時、怒りやうらみを持ちこまずに、ぐっすりと眠りたいからです。また、いやしの力を持つ許しの思いを、必要な人に送ってあげます。こうした許しの思いは、私の人間関係をより豊かで充実したものにしてくれます。

私は自分を許します。そして他人を許します。

37

許して忘れる

怒りをかかえこみ、うらみを持ち続けることは非常に重荷であり、私たちの全てのエネルギーをうばってしまいます。心の痛みと誤解を解放し、自分や他人の良い点に注目するのは、なんと晴ればれとした気持でしょうか。自分の中の愛と許しのキリスト意識に焦点を当てた時、私たちは心を不幸な状態にしているすべてのものを捨て、忘れてしまうことができます。

今、少し時間をとって、自分の中の愛とキリスト意識に目を向けてみましょう。あなたの心をこの愛に向けて開きます。すると、すべてのレベルにおける許しの価値と、それが自分の魂の成長にどんなに重要なことかがわかってきます。以前にどんなひどいことがあったとしても、私たちはそれを許し、忘れることができます。なぜなら、自分の中のキリスト意識がすべてをいやしてくれるからです。

38

罪悪感に対する答え

罪悪感に対する答えは許しです。自分に対する許しです。他人に対する許しです。また、そうなっためぐりあわせに対する許しです。

過去に何をしたかは問題ではありません。過去は過去として過ぎ去ったものであり、はっきりしない原因を追求してみても、何の得るところもありません。

どんな状況であっても、それがどのように見えようとも、神は良きことのために働いています。今いる場所から出発しましょう。すると、神のわざは、今、私たちに現れるかもしれません。

心を変えることは、自分の場合でも、他人の場合でも、許しの第一歩です。

私たちが意識を変えれば、私たちの人生が変わるのです。

39

完全ないやし

いやしとしての最高の行為は許すことです。けれども、許すことは最もむつかしいことです。不変の法則はこう言っています。「許しなさい。そうすれば、あなたが許されます」実は、許すことは、自分に対する親切な行ないなのです。それと同時に、他人をもいやします。しかし、最終的には、許しとは自分のためになされることなのです。

人は自分が傷ついている時だけ、人を傷つけるものです。もしあなたがあなたを傷つけた人を憎《にく》み続けていると、その憎しみはあなたと相手の両方をがんじがらめにしてしまいます。でもあなたがその憎しみを愛に変えれば、両方が自由になります。「汝《なんじ》の敵を愛せ」というのはこのことです。

しばらく時間をとって、あなたが怒りを感じている人を心に思い描いてみましょう。その人にこう言ってみましょう。

「私はあなたを許します。あなたが故意に、あるいは故意でなかったとしても、私に対して行なった行為や言葉や悪意で、私は傷つきました。でも、私はあなたを許します。あなたが私をどんなに苦しめたとしても、私はあなたを許します」

あなたの許しでその人を包んであげましょう。ほんの少しの間、過去をとび越え、あなたの心を同情と慈愛《じあい》で包みましょう。それが終わったら、その人に別れを告げます。

すべての許しは自分を許すことから始まります。この実習を自分に痛みを与えた自分を許すことに使って下さい。あなたの心にあなたを受け入れさせてあげましょう。あなたを慈愛で包んであげましょう。あなたを完全に許しましょう。そして自分をいやしてあげて下さい。

40

許すことは愛すること

家族や友人を持つ喜びには、時にはお互いの間に誤解や傷ついた思いが伴《ともな》うこともあります。それは人生に起こってくるごく自然なことのひとつです。しかし、許し、忘れることによって、私たちはより調和のとれた人間関係を持つことができます。

私は過去の出来事に関する罪悪感を手放して自分を許します。過去は私に対して、何の影響力も持ちません。しかしそれは学ぶための体験として役に立ちます。

もし私が誰かに対してひどく腹をたてたとします。その時すぐには相手を許すことはできないと感じるかもしれません。しかしそのうち、状況を受け入れられるようになると、許すことができるのがわかります。過去を手放し、否定的な感情から自由になった時、許すことができるのです。

これは練習することによって、どんどんやさしくなってゆきます。そして最後には許すことはとりもなおさず、すべての人を愛し、受け入れることだとわかるのです。

41

自分の中のキリスト意識に焦点を合わせて許す

「絶対に許せない。忘れることもできない」と思うことがあります。そんな時には、口に出して、「許すものか、忘れるものか」と言っています。私は人間のレベルでの思いから、許すことができないのです。

でも、私は自分の思いをキリスト意識まで高めることができます。すると、私の中にあるキリストによって、私は何でもできます。私は素早く、完全に許すことができます。人間的な限界を超越することもできます。私は愛情深くなり、人を許し、理解することができます。そして過剰《かじょう》な反応や、怒りっぽさ、執念《しゅうねん》深さを克服することができます。

私の中には神の愛があり、私はその愛を十分に自由に表現します。キリスト意識によって、私はどんなことでもできます。私の中のキリスト意識は私に完全な平和を与えてくれます。キリストに焦点をあわせる時、私は素早く、完全に許します。そして祝福され、祝福そのものになります。

42 人間関係をいやす

時には、何をしたわけでもないのに、他人と仲たがいしてしまい、その関係を修復しなければならないことがあります。私たちは許すことの大切さに気づいていても、相手の意識はまだこちらと同じところまでいっていないかもしれません。私たちは相手を許しているのに、相手はこちらを許してはいないような時にも、私たちは相手を愛し、幸せを願わなくてはなりません。私たちは密《ひそ》かにその人の幸せを祝い続けるべきです。心の中でこう言えばいいのです。「私の中のキリストがあなたの中のキリストを見ています」あるいは、「あなたの中に広がってゆくキリストのエネルギーが好きです」こうしたことを心の中で思っていると、私たちの中に自由で平和な気持がよみがえってきて、人間関係を完全にいやす道が開けてきます。

43 祈りと許し

祈る前に、すべての人々に祝福の気持を送りましょう。特に、自分にひどい事をした人、仲の悪い人、怒りや敵意を感じたことがある人たちすべてに、祝福を送って下さい。彼らを祝福し、善意を送り、自分が享受《きょうじゅ》している幸せを彼らも受け取るように願うことは、自分の中の最も高い部分と霊的なつながりをもつために、とても大切なことです。

許すことは私たちが前進するためにもっとも重要な要素です。事実、許しの仕組み全体が、私たちの成長と理解を非常な速さでうながします。許さずにいると、愛の流れがとどこおって生命力を窒息《ちっそく》させ、私たちはひからびて恨《うら》みがましくなります。

・一度にすべてを許すことはとてもむつかしくてなかなかできることではありません。
・許すことができるように祈りましょう。
・理解できるように祈りましょう。

・いきづまったと感じたら、問題をしばらくの間、横において、時間をかけましょう。

許すことは与えることの最高の形です。人の間違いに許しを与えることなのです。許すことによって、私たちは成長し、広がり、新しい地平線を見つけます。許すことで、実際に前に進むことができるのです。

44 全ての中に神のみわざを見る

目を開いて意識のある時、私はいつも神のみわざを全てのものの中に見ます。どんな小さなものごとの中にも学ぶべきレッスンを見ます。バラの花びらがハートの形をして地面に落ちている時、その場所に愛がもっと必要ですよというメッセージを受けとります。近くの木にとまって鳴いているつぐみの声を聞く時、もっと楽しんでいいのだと気がつきます。私たちはあまりにまじめで真剣になりすぎているのです。くもの巣にいっぱいついている水滴が、朝日の中でダイヤモンドのように輝いているのを見る時、私はその美しさのすべてがなんと繊細《せんさい》なのかと驚きます。そして、もっと人の気持を感じ取ってやさしくならなければいけないという気になります。

朝早く散歩に出かけた時、私は小道にかかっていたくもの巣に顔をひっかけて、くもの巣をこわしてしまいました。夜の間、小道の上に巣をかけるため、くもはとても長い間、忍耐強く仕事をしたにちがいありません。それを思うと、ものごとを行なう時、私ももっと辛抱《しんぼう》強くがんばらなければいけないと気がつきます。すべてのことを愛をもって、完璧《かんぺき》に行なう必要があるのです。誰かがやってきて、少しぐらい邪魔《じゃま》をしたとしても、それにいらだってはいけないのです。

私は自然の中から神のメッセージをたくさん受けとります。もし私が注意深くしていなければ、それらを見過ごしてしまうでしょう。毎日私たちは多くの明確なサインに出会っているのに、それらが私たちに告げていることや、教えていることに気がつかないことがあります。何ごとも慣れっこになって軽く見てはいけません。注意深くよく見ると、そこには重要なレッスンが待っているのです。

しばらく時間をとって、このことについて考えてみて下さい。立ちどまり、よく見て、そして聞いて下さい。神からのすばらしいメッセージがあなたの目の前で、解読されるのを待っているのです。

このことがわかれば、人生はとても活気に満ちた面白《おもしろ》いものになり、たいくつする暇《ひま》がなくなります。何ごとも見落とさないように注意しましょう。一日中いつも、あなたのまわりには大小さまざまな神のメッセージがあふれています。インスピレーションを得るために、何時間も瞑想《めいそう》する必要はありません。あなたの仕事が何であろうと、日常の生活をしっかり目を開いてすごしましょう。学ばなければならないメッセージやレッスンはあらゆる場所に見つかります。

目覚めなさい。目を開きなさい。そして注意しなさい。

45

波動

ある朝、目を覚《さ》ますと、私は私をぐるっととり囲んでいる波動に気づきました。そしてそれは私の中にもありました。それは不思議なすばらしい感覚でした。私の思いはさらに、音の波動、視覚的な波動、テレビや電気の波動にも及び、それらがいつも私のまわりに存在していることに気づきました。私はそれを見ることはできません。それでも私はその存在をしっかりと感じます。

これらの波動を物理的なレベルで意識するためには、何らかの器具を必要とします。テレビの画面で映像を見ようと思ったら、テレビを電源につなぐ必要があります。日常の生活で使っているラジオや他の電気器具についても、同じことが言えます。電源につないでからスイッチを入れなければ、何も起こりません。しかし、波動そのものはいつもそこに存在しています。

神の波動についてもまったく同じです。それはいつもそこにある大いなる源、電源です。しかし、私がプラグをコンセントにさし込み、スイッチを入れてその波動に気づかないと、何ごとも起こりません。

ここで祈りと瞑想《めいそう》が登場します。祈りと瞑想はさし込み口なのです。でも、そこにプラグをさし込んでも、スイッチをオンにしなければ役に立ちません。

私はお祈りをする時、神の波動とつながります。しかし、ただつながっただけでは十分ではありません。スイッチをオンにして神とつながるとはどういうことかを理解しなければなりません。

たとえば、アイロンをかけようと思ったり、お茶を入れるためにやかんで湯をわかそうとする時、ただそこにすわってながめているだけでは、アイロンは熱くなりませんし、お湯はわきません。手をのばしてスイッチをオンにした時、はじめて湯がわきますし、アイロンを使うことができるようになります。

神とつながることも同じです。ただそこにすわって待っていても、何も起こりません。スイッチをオンにした時、何かが起こるのです。奇跡が起こったり、不可能と思えたことが可能になるのはこの時です。神の電源とつながり、スイッチをオンにして、自分が何をしているのか十分に気がついたからです。

これは誰にでもできることで、選ばれた少数の人たちだけのものではありません。

「求めよ、さらば与えられん。

たずねよ、さらば見出さん。

門をたたけ、さらば開かれん」

私たちは、意志をもって、そうしなければなりません。私たちの意識によって、それをひき起こすのです。「スイッチをオンにする」というのは、そういうことなのです。

46 信仰を持って完全となる

信仰がなければ、あなたは完全ではありません。信仰は人を高め、輝かせ、変容させ、金《きん》に変えます。信仰は山をも動かし、全てのものの中に神を見せます。神はあらゆる場所におり、神はすべての創造主であり、すべての源であり、全ての全てであることがわかります。

あなたは人に教えることも、人を助けることも、人を祝福することもできます。しかし、人のために信仰を持つわけにはいきません。これだけはどの人も自分で探求し、自分で見つけなければならないものです。信仰を見つけるまで、すべての石をひっくり返して探しなさい。誰も他人のために神を見つけてあげることはできません。一人ひとりが自分のさがしているものを自分で見つけ出さなければなりません。誰もあなたのために水を飲んだり、食べ物を食べることはできません。自分で何とかしなければならないことなのです。上を見あげて、心を開き、神に向かって「私に信じさせて下さい」と叫《さけ》ぶ時は、同時に手をのばし、意識を広げて、真理を受けとらなくてはなりません。私たちの協力がなければ、神は何もできないからです。願いがある時、その願いは答えられるでしょう。しかし、あなたは全身全霊をこめて、全力をつくして願わなければなりません。

誰もあなたに代わって信仰を体験することはできないのを忘れてはなりません。あなたは自分で体験しなければならないのです。自分で実験し、日々の生活で試して、それが本当にうまくゆくかどうか見るのです。あなたの信仰への歩みは、最初はのろくてよろめきがちかもしれません。驚くべきことが次々と起こるのを見て、あなたの信仰はどんどん確かなものとなり、ついには岩のように強くなって、信仰だけによって生きることができるようになります。神があなたを通してみわざを行なっていることがわかれば、あなたにできないことはありません。どんなことも可能です。最初のうち、あなたの信仰はとても小さな一つぶの種子であったとしても、あなたが世話をすれば、どんどん成長して大きくなります。信仰を用い、信仰によって生きることによって、あなたの信仰はどんどん成長してゆきます。

外的な条件がどうしようもなく見える時も、あきらめてはなりません。動揺したり、投げやりになってはいけません。自分の中に深く入ってゆきなさい。そして完全に静かになりなさい。神の無限の愛があなたをつつみ、あなたを満たすのを感じなさい。神の平和を感じなさい。神の光であなたを内側から輝かせなさい。すると、外にあるものが新しい光の中で見えるようになります。あなたの意識レベルをどんどん上げて下さい。否定的な思いはすべて捨て、敗北感を追いはらいましょう。高い意識レベルには、敗北などというものはありません。勝利は保証されています。あなたはどんなことも克服することができます。信仰を持ち続ければ、すべてが完璧《かんぺき》に成就《じょうじゅ》してゆくのがわかります。あなたの信仰を決してゆらいだり失ったりすることのない、生き生きとした積極的なものにしましょう。

目に見えなかったものが見えるようになります。いっけん不可能に見えることが実現するのを目撃するようになります。そして、この地球上に神の国を創造するのを助けるようになります。これはあなたの信仰が岩のようにしっかりとした時に起こります。あなたは光のないところに光をもたらし、愛のないところに愛をもたらし、平和のないところに平和をもたらすようになります。あなたは神の善意、神の平和、神の調和、神の一体性、神の愛、神の理解の使者となります。神に呼びかけなさい。そうすれば神は答えてくれます。神にすがりなさい。そうすれば、支えてくれます。信仰と愛がなければ、あなたはスピリチュアルな道を歩むことができません。神の高みに到達することも、神の深さをはかることもできません。信仰を保ちなさい。そしてすべてが、完全にうまくいっていると知りなさい。

47 創造性と性

男女の性は創造性です。それは命であり、私たちが行なうことすべての中にあります。性を「セックス」だけに限定してはなりません。それをはるかに越えたものなのです。

私の意識が明確で純粋な時、それは相手にも伝わります。私に欲望がなく、相手にも欲望がない時、愛が二人の間を自由に流れます。そしてもし、それが親密な関係に変われば、私はそれを神からの贈りものとして受け取り、十分に楽しみます。相手に対する要求、痛み、しっと、うらみ、不満などはすばらしい人間関係を傷つけます。性的エネルギーは霊的なエネルギーであることを思い出して下さい。その中心にあるのは、ゆだねる、結合する、変容する、自由に与え受け取るということです。私はあなたを利用したくありません。私はあなたを愛したいのです。私はあなたを体験したいのです。私はあなたを知りたい。あなたのかおりをかぎたい。あなたを感じたい。あなたといっしょに成長したい。あなたと踊りたい。あなたといっしょに泣きたい。あなたを愛撫《あいぶ》したい。そうするためには、私は危険を冒《おか》さなければなりません。エネルギーもいります。本当にそうしたいのでしょうか？　決めるのは私です。拒絶《きょぜつ》されるかもしれません。そして苦しまなければならないかもしれません。私にできることといえば、危険を冒《おか》し、どうなるか見極めることだけです。もしも人から拒絶されたら、相手を非難しないで、拒絶された原因は自分のどこにあるのだろうかと、自分をよく見なければなりません。親密な関係を築くためには変化しなくてはなりません。自分は変わりたくないと拒否していれば、親密な関係は保てないでしょう。臨機応変に行動することを学びなさい。それこそ人間関係や親しさを楽しくワクワクさせるコツなのです。心を開いて、積極的に人々と心を通いあわせましょう。

48

性的な思い

たとえ、性的な思いが心に浮かんだとしても、自信をなくしたり、その思いを抑圧したりしないで、理解しましょう。こうした思いがやってきたからには、自分はスピリチュアルではないと思ってはいけません。こうしたことは、魂に何の違いももたらしません。実際のところ、こうした思いは本能的な次元からやってくるものであり、あなたがそう決めつけない限り、悪ではないのです。神の愛はあなたの波動を創造的なパワーの最高の形にまで高めます。そして本当の愛の中には、スピリチュアルな力、精神的な力、肉体的な力が混じりあった偉大な創造力が存在しています。特に努力しなくても、性的本能から来る性的な思いも自然に創造力に変化します。しかし、もしも、こうした性的な思いをいけないものだとして抑圧すると、あなたの潜在意識があなたの思うことを実現してしまうのです。

「私たちは神のごとく平凡で、かつ、神のごとく人間的です」

パート2　キリスト意識

49 新しいエネルギー

何年か前から私は自分の中とこの地球全体に新しいエネルギーを感じ始めました。それが何であるのか私にはわかりませんでした。またどのように説明してよいかもわかりませんでした。それはまるで体中のすべての原子や空気中のエーテル体に電気が音をたてて流れているような、ゾクゾクするほど興奮する体験でした。

時間がたつにつれ、私はこのエネルギーをどんどん強く感じるようになりました。そこで、瞑想《めいそう》をして、いったい何が起こっているのか聞いてみることにしました。するとはっきりとしたメッセージがやってきました。私がキリストのエネルギーに気づき始めているというのです。キリストとは私にとって何を意味しているのだろうと自分に聞いてみました。私は徐々《じょじょ》に、自分の中から答えを受けとり始めました。

その答えは次のようなものでした。

「それは愛です。それはすべての物、すべての者に浸透《しんとう》する愛の意識、愛の波動、愛のエネルギーです。それは私たち一人ひとりの中にあって、変容と変化を起こすとても強力なエネルギーです。しかし、それは認識され、受け入れられ、正しく用いられなければなりません」

それがそもそもの始まりでした。

また別の瞑想中に、とても明確なメッセージを受けとりました。それはアファーメーションを始めなさいというメッセージで、私は一つの文章を与えられました。私はそれまで、アファーメーションの時間を持ったことがありませんでした。私はアファーメーションは一種の洗脳であるから、そんなことはしたくないと思っていたのです。

次のようなアファーメーションをするようにという同じ指示を、私は瞑想をするたびに受けとりました。**「私はキリストに満たされた美しい存在です」**私はそれを受け入れることができませんでした。そんな言葉をアファーメーションに使うなどということは、神に対する冒涜《ぼうとく》だと思いました。私がキリストに満たされた美しい存在であるはずがない、と思ったのです。

メッセージは何度もしつっこいほど来ましたが、しばらくは、私はそれを実行することはできませんでした。ところがある日のこと、一つの思いがやってきました。「私は自分の中の神を受け入れられる。自分の中のキリストも受け入れられる。それではなぜ私がキリストに満たされた美しい存在であるということを受け入れられないのだろう?」一人でそっと、このアファーメーションを唱《とな》え始めれば、誰も傷つけはしないだろうと思いました。誰にも言う必要はないのです。こうして私はアファーメーションを始めたのでした。最初は何も起こりませんでした。私はただ同じことを何度も繰り返しているだけでした。私にとってそれは単なる言葉にすぎなかったのです。こんなことは何の意味もないことだからやめたいと思ったこともありました。しかしなぜか、続けなければいけないとわかっていました。そうしているうちに、言葉が生き始めたのです。私にとって意味を持ち始めました。続けているうちに、私は言葉のとおりになり始めました。そしてそれは信じられないほどの力を持っていました。私はとても興奮しました。とうとう、私は自分が言葉のとおりだと気がついたのです。私は本当にキリストに充《み》たされた美しい存在だとわかったのです。このいきさつによって私は、私たちは誰もがキリストに充たされた美しい存在であるということがわかりました。そして、私たちはこの事実を認識し、受け入れ、それを正しい方法で用いなければならないこともわかりました。私はすべての人がこのことについて瞑想し、それが自分にとって何を意味しているか、見つける必要があると感じています。あなたはその事実を受け入れることができますか？　もしそうであれば、あなたはそれをアファーメーションの言葉として使ってみようと思いませんか？

このキリストエネルギーとその意味全体について、私が納得するまでにはとても時間がかかりました。そのエネルギーがあまりにも強烈であったので、一度にすべてを受け入れようとすれば、自分が壊《こわ》れてしまいそうだったのです。

このキリスト意識に関する次の体験は、ある時、私が聖書を読んでいた時に起こりました。イエスがキリストになったのは、ヨルダン川でヨハネの洗礼を受けてからであることに私は気がつきました。キリストになった時、彼は「私と父はひとつです。そこに分離はありません」と言えたのです。それ以前にも、この箇所を何度も読んでいましたが、その時、私は何かにはっと気づきました。何年もの間、私は次のようなガイダンスを受け取っていました。「**私たちはひとつです。そこに分離はありません**」私はそのガイダンスを書き取ってはいましたが、それについて何もしませんでした。時間をかけて、それがどういう意味なのかを深く考えてもみませんでした。しかし、その時、はっきりと意味がつかめたのです。「イエスが自分をキリストだと宣言した時、彼は父なる神とひとつになった。あなたも、自分がキリストであることを宣言し、今すぐ実行しなさい」私にどうしてそんなことができるでしょうか？　私は瞑想して、アファーメーションの言葉を下さいと頼みました。すると次の文章がやってきたのです。

「私は今、キリストであることを宣言します。私はキリストという存在です。私は神の神性を具現しています」

これが私にとって現実となった時、私は、この地球上で自分もキリストであることを宣言する人々が多くなるにしたがって、地球全体の波動を高めてゆくことができるということに気づきました。私はこのことを人々に伝え始めました。そして、自分がキリストであることを宣言するようにと提案しました。ある人々は私のことを気がふれたのではないかと考えましたが、私の言っていることをわかって聞いてくれた人々もいました。私は種子を播《ま》き続けました。恐れを捨てて種子を播《ま》くこと、それが私にせいいっぱいできることで、あとは神におまかせすればよいのだと気がついたのです。

私はキリストであることの意味について考え始め、それは私が将来、もっと霊的に成長した時に起こるわけではないということに気がつきました。キリストであることは今なのです。私は今、この時点で神の神性を具現しているのです。それは先のことだと思って、今起こっていることに責任をとらないでいるのは簡単です。しかし、やっと受け入れることができた時、私はすばらしい気持を味わいました。そして、自分が神の神性を具現した存在であるという考えを受け入れ、その思いを持って一日を過すと、とてもすばらしい前向きで建設的な思いが自分の中から次々と湧《わ》いてくることに気がつきました。これらの思いはキリストのエネルギーだったのです。

その後、私はキリストについて、自分の中でいろいろ質問してみました。こんな場合、キリストはどのように思い、どのように感じるだろうか？　キリストは何と発言し、どのように行動するだろうか？　私の日常生活の中でこの問いかけを続けているうちに、何か不快なことや人を傷つけることを言う前に、もう一度考えるようになりました。また、自分の人生に起きていることに、いつも気づいていられるようになりました。

最近、私はもうひとつ、とても強力な体験をしました。フィンドホーンの聖堂の中で次のアファーメーションをしていました。

「私は今、キリストであることを宣言します。私はキリストという存在です。私は神の神性を具現しています」

その時、キリストは愛であると共に光だという思いがやってきました。私は光についてアファーメーションが必要だと感じました。すると、私は次のように唱《とな》えていたのです。**「私は今、キリストの光であると宣言します。私は光の道しるべです。私は光の存在です。私は神の光です。私は世界の光です」**

私はこの言葉を何回も繰り返しました。そして、気持よく言えると感じました。その時、突然、私の体全体が光に満たされました。私の原子の全てが光に満たされたのです。このような強力な光が私の存在から放射されているのだから、私はこの地球上のどんな暗い場所にも行ける、そしてそこを光で照らし、暗闇《くらやみ》を追いはらうことができるのだと気がつきました。光に暗闇は耐《た》えられないからです。このような驚くべき思いと感情に圧倒されて、私は泣きだしてしまいました。涙が私のほほを流れ落ちてゆきました。これこそすべての人がしなければならないことだとわかったからです。自分はキリストの光であると宣言すること。自分は光の道しるべであること。自分は光の存在であること。自分は神の光であること。世界の光であること。すべての人がこうしたことを知らなければならないのです。このことに気づくことによって、私たちはより大きな光をこの地球上にもたらすことができるのです。

この光の問題全体について考え、私はどうしてこのような体験を与えられたのだろうかと思った時、次のようなことがわかりました。私は長い間、愛のエネルギーを使って仕事をしてきましたが、これからは光のエネルギーを使って仕事をする時が来たのです。私はこの二つのエネルギーを、私の人生でバランスさせることができるのです。

それはとても大きな喜びでした。次にどんなことが私の人生に起こってくるのかはわかりませんでした。次のものを受けとる時まで、私は与えられたものを具現化してゆかなければならないとさとったのでした。以前、ガイダンスを受けとり始めた時も同じでした。私が真理を理解し、具現できるようになると、次の真実があきらかにされたのです。これは完璧《かんぺき》なやり方でした。行きづまりを感じ、何もたいしたことが起こらないようになると、私はいつも自分をふり返り、私の生き方、あり方、行動の仕方のどこであやまちをおかしたのか、反省してみました。そしてそれについて何かわかると、次の真理が明らかにされるのでした。

私はまた、キリストの愛についてのアファーメーションも知りたくなりました。そこで瞑想中に一つ下さいと頼んだところ、次のようなものが与えられました。

「私はキリストの愛、普遍《ふへん》の愛、神の愛、無条件の愛、アガペの愛であると宣言します。私はこのすばらしい愛に満たされ、とりまかれています。私は自分の心を十分に開き、この愛をまわりのすべての人々に流します。私は、社会全体へ、そしてこの地域全体、さらにはこの国全体、そして全世界へと流します。私は、自分がこのような役割をもって使われることを、常に感謝します。ありがとう。神様」

私は今、いつもこのアファーメーションを唱《とな》えるようにしています。

このアファーメーションを常に意識していると、感謝しなければならないことがとてもたくさんあることに気がつきます。感謝する心は開かれた心です。愛はそこから自由に流れ出します。

自分のスピリチュアルな成長にむけて、こうした方法を行ないたいと思う方には、次の第50章の瞑想が役に立つでしょう。

50 キリスト意識になる瞑想

楽な姿勢ですわり、目を閉じて下さい。二、三回大きな呼吸をします。あなたの身体《からだ》にリラックスするよう言ってあげましょう。

静かになったところで、あなたの中心にある平和な場所を見つけましょう。……その中心に入って、リラックスします。そしてただそこにいましょう。

さあ、平和で静かなその場所にいて、キリストに波長を合せましょう。すべての人の中にあるキリスト意識の存在に気がつきましょう。自分の深い場所にあるこのすばらしい存在を意識しながら、静かに自分にアファーメーションをします。「私はキリストに満たされた美しい存在です」自分の中で、この言葉を何回か繰り返します。……

自分が言っている言葉を深く感じて下さい。そしてそれが本当のことであると知りましょう。私たちは誰もが、キリストに満たされた美しい存在です。そしてこうすることによって、あなたはこの地球全体の波動を高める手伝いをしています。一人でも多くの人々が意識的にこうすると、それだけ早く地球の波動は上昇します。さあ、それではこのアファーメーションを手放しましょう。そして、アファーメーション通りであることに感謝します。

では次のアファーメーションを心の中で唱《とな》えましょう。

「私は今、キリストであることを宣言します。私はキリストという存在です。私は神の神性を具現しています」

では心の中で、このアファーメーションを何回か繰り返して下さい。……

あなたはどう感じていますか？　――このアファーメーションを受け入れることができますか？

あなたがこうしているのは自分のためだけではなく、この地球全体の波動を高めるのを手伝うためでもあります。私たちは誰もが、今、キリストであることを宣言できるのです。神が私たちの上に手を置いていることを受け入れられますか？

イエスがキリストになったのは、ヨルダン川でヨハネの洗礼を受けた時でした。彼はその時「私と父はひとつです。そこに分離はありません」と言えました。さあ、あなたもそう言ってみましょう。

では、もっと深く、もっと深く入ってゆきましょう。神と共にあれば不可能なことはありません。そして不可能に見えることも可能になります。今、あなたは自分がキリストであると宣言してもよいのです。あなたは神とひとつで、そこに分離はありません。神は私たち一人ひとりの中にいるのです。……

さあ、心の中で言ってみましょう。そして自分が言っていることが真実であると感じて下さい。

「私は今、キリストの光であると宣言します。私は光の道しるべです。私は光の存在です。私は神の光です。私は世界の光です」

一人でも多くの人々が自分は光の道しるべであると知ってそう宣言し、自分の光を輝かせると、私たちはこの暗闇《くらやみ》の地球にもっともっと光をもたらすことができるようになります。そして、私たちが光を輝かせると、光は暗闇を消してしまいます。これは、私たちの誰もが、この世界にもっと光をもたらすことができるということなのです。……

では次は愛に移ります。キリストの愛について瞑想《めいそう》しましょう。次のように唱えます。

「私は今、キリストの愛であると宣言します。私はすべての愛です。私は神の愛です。私は無条件の愛です。私はアガペです。私はこのすばらしい愛に満たされ、とりまかれています。私は自分の心を十分に開き、この愛をまわりのすべての人々に流します。

社会全体へ、そしてこの地域全体、さらにはこの国全体、そして広く、広く全世界へと流します」……

「私は自分がこのような役割をもって使われることを、常に感謝します。ありがとう。神様」……愛が実際にあなたから流れ出てゆくのを感じて下さい。時間を十分にかけて感じましょう。これは単に言葉だけではありません。この言葉はあなたそのものです。これは道であり、真実であり、命そのものなのです。……

さあ、あなたの心の中にある生き生きとしたキリストを保ったまま、意識をあなたの身体《からだ》に、そして部屋にもどしましょう。そして目を開いて下さい。

パート3　瞑想と実習

51

瞑想と実習

パート3に載せてある誘導瞑想《めいそう》と実習は、アイリーンによって作成され、何年間にもわたって用いられてきたものです。彼女は自分の霊的な成長の旅や世界中で行なった数多くのワークショップで、これらを使用してきました。どれも個人的に使うことも、グループで用いることもできます。

個人で用いる時は、まずテープに録音しておけば、テキストを見ないで瞑想することができます。テキストに点線で表わされている部分は、沈黙《ちんもく》の時間としてしばらく間をおき、その間、指示に従って内面のワークをして下さい。

質問に答える実習は、特に録音する必要はないでしょう。比較的、簡単に実習できるので、質問を次々と読んで答えてゆけばいいでしょう。始める前に、筆記するノートを手元に用意して下さい。

真剣な気持と、深く問いかける精神をもってこの実習を行なえば、自分の中にある神とのつながりをより強いものとすることができます。そして毎日の生活でも、神とつながっている感覚を持てるようになります。

どうか試してみて下さい。そして何が起こるか見てみましょう。自分の中に入ってゆく旅を楽しんで下さい。

52

基本的な瞑想のやり方

瞑想《めいそう》とは神の存在を感じることです。瞑想を始めるために、静かな場所と、たとえ短い時間であっても人に邪魔《じゃま》されない時間を見つけます。

背骨をまっすぐにして、身体《からだ》はリラックスさせ、心を澄《す》ませて楽にすわります。

呼吸はゆっくりと、規則正しくします。正しい呼吸をすると、心がおだやかになってゆきます。

感情を静めます。あなたの感情を湖だと思いましょう。それがどんどん静かになってゆき、表面が鏡のようになめらかになるのを想像します。「私は感情を持っていますが、私は感情ではありません」

あなたの心と思いに気づいて下さい。あなたの考えていることを一歩離れて観察してみましょう。無理に何も考えないようにしようとは思わないで、いろいろな思いがやってくるのをただながめていて下さい。「私はいろいろと考えるけれど、私はその考えとは別個のものです」

では、あなたの思いを一点に集中させましょう。集中させる対象としては、次のようなものがあります。

・一つの言葉をリズムをつけて繰り返し唱《とな》える。――「平和」「喜び」「愛」などという言葉です。――前向きの言葉を選ぶこと。

・短い文章や思いをリズムをつけて繰り返す。――「私は愛と平和です」「私は光の中で踊ります」「良き未来は私たちの思いから生まれます」

・ひたいの中央、みけんに、太陽、三角形、炎、ダイヤモンド、星、はすの花などの形をイメージする。

・頭の中の音に意識を集中する。

・呼吸に意識を集中する――空気が鼻孔《びこう》を出たり入ったりするのを感じる。

＊　　＊

瞑想している間、ずっと何かに意識を集中させて、心を静めてゆくのもいいでしょう。しかし、この時間をガイダンスを受けとるために使いたい時は、次のようにします。

しばらく時間をかけて心が静まってから、あなたの意識を思いをこらして魂のレベルまでひきあげます。そしてすべての命とひとつであると宣言します。心をオープンにし、すべてを受けとれる体勢にします。意識をしっかりと保ち、ぼんやりしたり、眠くなったりしないようにします。内なる静けさと待つ体勢を保ちます。受けとり方には次のような方法があります。

・イメージや光を見る。これはすべてのものに神が内在しているという天啓《てんけい》である。
・ものの本質、真髄、特性、目的を直観する。
・霊的な進歩に関連して、短く適切で意味深いインスピレーションに富んだメッセージを聞く。
・ハイヤーセルフと心の中で対話する。
・魂とのつながりを持ち、魂と共鳴し、エネルギーをもらい、霊感を受ける。
・人類の幸せのためになる行動をしたいという衝動を感じる。

時間がとれる時は、常に静かな時間を持つようにして下さい。瞑想が終わったと感じたら、次のようにします。

瞑想中に高めたエネルギーを愛と光の祝福として世界中へ放射して瞑想を終わります。他の人たちに愛と祝福を送ることによって、私たちはもっと多くの愛と祝福を受けとることができます。また、人生における全ての恵《めぐ》みと、たとえどんなに短くても、静かな時間を持てたことに感謝しましょう。

ゆっくりと意識を身体《からだ》とまわりの状況にもどします。何回か深呼吸をして、身体をのばしましょう。

53 一日を始めるための瞑想

今日一日を、まず何回か大きな呼吸をして身体《からだ》をリラックスさせて、心を静めることから始めましょう。今、あなたの心の中にあって、気になっていることを全て、手放してしまいましょう。もしそうするのがむつかしかったら、祭壇をイメージして下さい。そして、その問題を祭壇の上に載せて、神様の手にまかせましょう。神様にこの問題をひきうけて下さるようにお願いします。そうすれば、今日という日を、何の問題もなく、自由な気持で始めることができます。……

昨日のことは全部忘れて、この光輝く新しい日に、一歩、一歩入ってゆきます。今日一日、完璧《かんぺき》な日が目の前に展開してゆくのをあなたは知っています。自分が心身共に浄化されて純粋になれるように、そして自分を通して神の最も崇高《すうこう》なエネルギーが流れるように神にお願いしましょう。願ったことはすべてかなえられます。……

さあ、もっと静かに、もっと静かになりましょう……「静かになります」という言葉を何回も繰り返して言ってみます。すると自分の中に静けさがやってきます。

さあ、あなたの新しい一日のキャンバス上に、愛とインスピレーションと期待に満ちた最初の一筆を描《えが》きましょう。すばらしい祝福に満ちた一日が目の前に待っています。

自分の心がとてもオープンになっているのを感じて下さい。どんなことがやってきても大丈夫《だいじょうぶ》です。……

自分の思いが、最も崇高で前向きで愛に満ちた道に導かれるようにお願いします。そうすれば、すばらしい一日を過ごすことができます。「あなたが思う通りにあなたはなります」……

暗い否定的な思いはすべて払《はら》いのけて、あなたの心は愛と感謝に満たされています。ほんの少しの時間をとって、昨晩良く眠《ねむ》れたことに感謝しましょう。生きていること、新しいすばらしい日、そして、すべてに感謝しましょう。あなたは神の法則と完全に一致しています。そして、すべてはとてもうまくいっています。……

すべてのことすべての人に最善を期待しましょう。そしてそれを自分にも引き寄せましょう。

一日の第一歩を順調に始めると、すばらしい奇跡のようなことが起こってきます。それは、あなたが神の法則どおりに行動するからです。……

今日、目を覚《さ》ました時、最初に何を考えましたか？　神の愛についてですか？　自分の中の神性ですか？　仲間に対する愛と感謝でしょうか？　……喜びと感謝ですか？　あなたにいつもそそがれている祝福に感謝することを忘れないようにして下さい。

朝起きて最初に考えることが、その日一日に大きな影響を与えることを心にとめておいて下さい。

さあ、あなたの意識を部屋にもどしましょう。すわっている感触を感じましょう。次に、身体《からだ》を意識します。二、三回深呼吸をしてから、目を開きます。

54 喜びの瞑想

この瞑想の目的はあなたに大きな喜びをもたらすものすべてをあなたから引き出すことです。

深呼吸を二、三回しましょう。そして、身も心もリラックスさせます。さらに深くリラックスしましょう。

時間を十分にとって下さい。一定のリズムで呼吸していると、どんどんリラックスしてきます。自分の呼吸を意識して下さい。

では、自分に心の中で次のような質問をしてみましょう。ノートをひざの上に置いておいて下さい。答えが浮んできたら書きとるためです。

1、あなたに喜びをもたらしてくれるものや人や状況は何ですか?

2、あなたは何をしている時に本当の喜びを感じますか?

3、あなたはどのように喜びを感じますか?

4、いつ、どんな場所で、神の無条件の愛を感じますか?
5、あなたの喜びは、あなたの夢やビジョンと関係がありますか?

さあ、ここで、とても楽しかった時のことを思い出して、それを再体験してみることにしましょう。

では、あなたの子供時代の幸せな場面にもどってみましょう。もし子供時代の楽しい場面を思い出すことがむつかしい場合は、最近の楽しかった場面を思い出して下さい。

自分の好きな音楽を思い出しましょう。その音楽が自分の中によびさます喜びを深く感じてみましょう。その喜びをあなた全体に満たしましょう。

自然の中のあなたの好きな場所を思い出しましょう。その場所に誰かあなたの好きな人や動物などがいるでしょうか?

何か小さなことで、そのことを考えただけで喜びがわいてくるようなものを全部思い出して下さい。

あなたが愛している人、そしてあなたを愛してくれる人を思い出してください。

奉仕することによって喜びが生まれます。また奉仕は献身《けんしん》から生まれます。ですから神と神への奉仕に身をささげてみましょう。そしてあなたの内側から湧《わ》きあがってくる魂の自由と喜びを感じましょう。

では、その喜びの気持を感じながら、あなたの意識を自分のいる部屋にもどして下さい。そして、あなたが書いたリストを読んでみましょう。あなたの人生に喜びが欠けているような時に、楽しいことを思い出し、元気を出すために、このリストを使って下さい。

55 光の存在になる瞑想

いすかゆかの上に静かにすわりましょう。背骨をまっすぐにして、何回か深呼吸をします。……自分の身体《からだ》にリラックスするように言いましょう。……身体のどこかが気になるようでしたら、姿勢をなおしてできるだけ気持よくすわれるようにします。……

さあ、あなたのすぐうしろに光の存在がやってきて、そこに立ってあなたを見ていると想像して下さい。

あなたはその光の存在を非常にはっきりと感じ、あなたの感覚のバイブレーションが変わり始めます。……

さあ、次に、この光の存在、すべてを知っている存在が、あなたの中にゆっくりと入ってきます。あなたの身体の中に入り込み、心の中にも、そしてあなたの感情の中にも浸透《しんとう》してゆきます。さらにあなたの意識とぴったりとひとつになります。……

光と愛の存在があなたの中に完全に入りこみました。そのパワーを感じましょう。……

その存在は無限の知恵を持っています。そしてあなたの中で働き始めました。……光があなたの全体に満ちあふれているのを見て下さい。
これが神であるあなた自身です。あなたの中の神のスピリットです。

さあ、心の中に白いスクリーンを想像しましょう。そのスクリーンに文字が見えます。「私は選ぶ」という文字が見えます。

「私は神である自分と仲良くすることを選びます。私は一生懸命、全身全霊をもってこの選択が今すぐ実現されることを受け入れます。私はこの関係がもたらすすべての思いを受け入れます。そして私は今、私の中の神の部分と意識的にひとつになったことを感じています。私はこの感覚を愛しています」

心の中に、内なる神、本当のあなたとの関係に喜びを感じている自分を思い描いて下さい。……

朝、目を覚まして、その存在に「おはよう、私の神さま」と心からあいさつしている自分を想像してみましょう。

自分の中の光の存在に向かって、心の底から全身全霊で君を愛しているよ、と言っている自分を想像しましょう。

服を着ながらその服に感謝し、また神の表現者として今日一日奉仕できることに感謝している自分を想像しましょう。

瞑想し、スピリットとすばらしい愛情のこもった交信をしている自分の姿を思い描《えが》きましょう。

光輝く神であるあなたがあなたに言っている言葉を耳をすませて聞きましょう。「あなたから離れたり、あなたを見捨てたりすることは絶対にありません。私はあなたといつも一緒です。あなたは私の表現であり、世界の光なのだから」

神の言葉を心の中で聞き続けて下さい。光、愛、平和、全体、豊饒《ほうじょう》、調和、保護に関する言葉です。

内なる神を感じ、神に話しかけ、神と笑い、神に感謝し、神を愛して一日をすごしている自分を思い描きましょう。

内なる神と文字どおり恋をしているあなた自身を想像しましょう。

この体験を頭で感じて下さい。そして、この体験を心で感じましょう。この体験をはっきりと心の目で見て下さい。

さあ、内なる光の存在とのつながりを保ったまま、ゆっくりと部屋の中に意識をもどしましょう。あなたのすわっているいす、床、そしてあなたの身体を感じましょう。

目をあけてからのびをして下さい。

56 地球上に広がる瞑想

目を閉じて、三回、深呼吸をします。……あなたの全身が静まってゆきます。……すべてを受け入れる神のやすらぎが身体《からだ》全体をみたし、そしてあなた全体をつつみます。……心が平和になります。……そしてあなたの存在そのものがやすらぎにつつまれます。

平和で静かな状態の中で、しばらくの間、たちどまって、これからの一週間、あなたを最も助けてくれるものは何か、感じ取りましょう。……それは今の時期、この地球が特に必要としているとあなたが感じているものかもしれません。……

さあ、それがあなたのうしろに立って光輝いているのを想像して下さい。

その光がどんどん広がって部屋中をみたしてゆくのを想像しましょう。

その光はゆっくりと家の屋根をつきぬけてゆきます。……あなたのいる建物の上にどんどん広がって大きくなってゆきます。地上をみたし……あなたのいる町全体に広がってゆきます。それは世界中の国々へと広がってゆきます。アジア全体へ広がり、中近東、アフリカ、ヨーロッパ、オーストラリア、ニュージーランド、……そして北アメリカ、南アメリカ、北極、南極、……すべての島、大陸に広がり、すべての海、すべての川、すべての湖に広がってゆきます。

地球全体がやわらかな輝く光につつまれました。それを見て下さい。……見ていると、その光は地球の内部にまで浸透《しんとう》し、あらゆる部分に吸収されてゆきます。地球の一部であるあなたの身体《からだ》の中にもしみとおってゆきます。あなたの身体の中にしみわたり、あなたにエネルギーと力を与えるのを感じましょう。……あなたの身体はその存在の光に満たされます。……

では、用意ができたら、あなたの意識をこの部屋にもどしましょう。あなたがすわっている場所、横になっている場所、そしてまわりの状況に意識を向けましょう。……目を開けて、部屋の中をながめます。

三回大きな深呼吸をして、のびをして下さい。

57

男性性と女性性を見る瞑想

目を閉じましょう。そして三回深呼吸をします。……身体《からだ》をリラックスさせましょう。身体に緊張している部分があったら、そこに意識を持っていってリラックスさせます。ゆっくりした波動が身体に広がってゆき、身体が完全にリラックスしてゆくのを想像しましょう。

さあ次に、あなたの感情がひとつの大きな湖だと想像しましょう。その湖の表面がしだいにおだやかになってゆき、静かになってゆきます。そして完全に平らになり、まるで鏡のようになりました。

こんどはあなたの思いに注意を向けてみましょう。何か考えていることはありますか？　ほんの少しの間、その思いに意識を向けます。そして、その思いを静かに手放します。

では、あなたの男性的な面を代表するイメージを思い浮かべましょう。……時間を十分にとって下さい。それはどのように見えますか？　その形、大きさ、色、触感はどんなでしょうか？　……あなたはそれを見てどのように感じますか？

では、そのイメージの中に入りこんで、そのイメージとひとつになりましょう。そのイメージとひとつになった気持はどんなですか？……では、そのイメージの中からぬけ出して、そのイメージの横に立ってみましょう。どんな気持がしますか？　外からそのイメージをよくながめて下さい。

さあ、そのイメージを手放しましょう。

次にあなたの女性的な面を代表するイメージを思い浮かべましょう。……時間を十分にとって下さい。それはどのように見えますか？　その形、大きさ、色、感触はどんなでしょうか？　……あなたはそれを見てどのように感じますか？

では、そのイメージの中に入りこんで、そのイメージとひとつになりましょう。そのイメージとひとつになった気持はどんなですか？

では、そのイメージの中から抜け出して、そのイメージの横に立ってみましょう。どんな気持がしますか？　外からそのイメージをよくながめて下さい。

さあ、そのイメージを手放してから、二つのイメージがお互いに関係しあうのを見て下さい。二つのイメージが動き始めます。もしできたら、その二つのイメージに一緒にダンスをさせてみましょう。

その二つのイメージの中から、二つをまぜ合わせた第三のイメージがあらわれてきます。二つが一緒になったものであっても、それとは切り離された別個のシンボルであってもかまいません。どちらであっても新しく生まれた第三のシンボルは、あなたの中の男性性と女性性が一つになったものです。

時間を十分にとって、このイメージがどんなものであるか、よく観察してみることにしましょう。……用意ができたら、そのイメージの中に入ります。……そしてそのイメージと一つになります。どんな気持がしますか?

用意ができたら、そのイメージからぬけ出して、その外側に立ちましょう。そしてそのイメージをよく見てみましょう。

そして、もう一度、あなたの用意ができたところで、あなたの意識をこの部屋にもどし始めましょう。身体とあなたのすわっているいすや、まわりを意識しましょう。

三回深呼吸をしてから、目を開けて、のびをします。

58

変容のための愛の瞑想

楽な姿勢ですわりましょう。心をやすらかにします。リラックスしましょう。……大きな深呼吸を三回します。……もし身体《からだ》のどこかにいごこちの悪いところがあったら、時間を少しとって、姿勢をなおして楽になりましょう。……

では、あなたの愛が状況や他人の人生を、たとえ少しの間でも変えた時のことを思い出してみましょう。……さあ、その時の自分の気持をここで再体験してみることにしましょう。その時の場面をもう一度、心に描《えが》いて下さい。……自分の身体の感覚、感情を感じましょう。……その時のあなたの愛はどこから来たのでしょうか？　それは自然に起こりましたか？　……ただ起こっただけですか？　それとも意識的な行為だったのですか？

では、あなたの人生の別の場面に行きましょう。あなたとうまくゆかなかった人に会った時のことです。……その時の状況を再現して思い描《えが》いてみましょう。その人のことを心に描いてみましょう。あなたの感情を再現してみましょう。対立、痛み、困難だった気持。

さあ、今度は、さっきの、あなたが愛の力を感じた場面にもどりましょう。あなたの中の力を再体験します。そして愛を感じます。

さあ、今度は意識的に、その愛をあなたがつらかった時の相手や状況に向けてみます。……もし、状況が変わるとしたら、それはどのように変わるでしょうか？　どのようになりましたか？　どのような気持がしますか？　あなたの想像力で変えてみましょう。あなたの身体、心、存在全体から流れでている愛の力を感じましょう。エネルギーが高まるのを感じましょう。愛の変容の力を体感しましょう。

さあ、今度はあなたのエネルギーの方向を変えて、世界の中で愛を必要としている場所、争っている場所や、傷ついている場所を頭の中に思い描《えが》いて下さい。……あなたの心の中にその場面を思いうかべます。人々と地球を見てみましょう。人々がどんな思いでいるか感じて下さい。……地球はどのように感じているでしょうか？　それらすべてと一つになりましょう。……

さあ、あなたの中にある愛の貯蔵所を意識的に利用しましょう。……あなたが選んだ場所や状況にその愛を向けます。……あなたの心が開くのを感じましょう。そこから愛が流れ出し、地球や人をつつみこみ、すべての状況を改善して、喜びと平和をもたらしている様子を思い描いて下さい。地球があなたの愛の力で変容するのを見て下さい。
さあ、今、それはどのように見えますか？　……まったく変容した状況をイメージしましょう。人々の顔を想像しましょう。彼らはどのように感じていますか？　……地球はどのように見えますか？　そしてどのように感じているでしょうか？　……

ここでアファーメーションを唱《とな》えましょう。

「私は自分の中に愛によって世界を変えるための神の力を持っています」
「私は今、世界が変容されたのを目撃しています」

59 許しと解放

楽な姿勢ですわり、身体《からだ》をリラックスさせます。三回深呼吸をしましょう。そして、心と身体と感情を静めます。

さあ、とても静かな瞑想《めいそう》状態に入りました。では、これまでの人生で、あなたを傷つけたり、とてもつらい目にあわせたり、あなたを苦しめたりした人のことを思って下さい。もしできれば、その人の顔を思い浮かべてみましょう。——それは両親のどちらかであったり、親せき、恋人、伴侶《はんりょ》、娘や息子、あるいは友人であるかもしれません。その人のことや、あの時の状況を考えるだけで、今でもとてもつらいかもしれません。もしつらくても、その思いと一緒にいて下さい。その時の状況全体を深く深く感じましょう。痛みや、怒り、恨《うら》み、しっとなど、あなたの中に浮かびあがってくる否定的な感情を全部、そのまま感じましょう。

あなたが感じている思いといっしょにいて下さい。……あなたの思いはすべてあなたの一部であって、それから逃げ出すことができないことに気がついてください。あなたはその時の状況に今なお心をかきみだされるかもしれません。怒りの涙がでてきたり、うらみつらみがわきあがってくるかもしれません。それらをみんな、流れさせてあげましょう。あなたの中へどんどん深く、深く入っていきます。

もし、その人の名前を書きたかったら、ノートに書いてみましょう。あなたの中にわきあがってくる思いがあったら、書き出してみましょう。時間を十分にとって下さい。あなたの思いをノートに書いてみると、それが形や実体となって見えてきます。

(少なくとも五分から十分は時間をかけましょう)

さあ、そのような気持になった自分を許してあげて下さい。自分に次のように言いましょう。

「(人の名前)が私にしたこと、今も私にしていることで、傷ついてしまう自分を罰するのは止めにします」

さあ、あなたが許さなくてはならない人があなたの目の前に立っていると想像しましょう。目を閉じて下さい。その人に次のように言います。

「あなたが私に言ったこと、したことは、もう変えることはできません。だからもうそのことは手放します。私はあのことを手放し、自由になります。私はもうその問題で苦しむことにはあきました。だからもうあなたに、要求するのも期待するのも条件を出すのも、やめます。あなたに何かしてもらおうとは思いません。あなたはあなたの行動に対して全面的な責任を負っています。私はあなたを解放します」……

さあ、今、あなたの意識がどんどん広がってゆくのを感じて下さい。神の愛、あなたのハイヤーセルフとつながって下さい。そこから思いやりと愛が流れ出しているのを感じて下さい。あなたの中に思いやりと愛が流れこんで、すべての条件や期待や要求を手放します。あなたのハイヤーセルフのよい資質をしっかりと感じましょう。あなたのハイヤーセルフはあなたのこれまでの人生で、常にあなたを守り、愛し、育てあげてきたのです。……

目を閉じたままで、あなたのハイヤーセルフからの愛を感じましょう。あなたが先ほど、要求も条件も期待も放棄した人に次のように伝えましょう。

「私は私のハイヤーセルフ、神の部分からの愛をそのままのあなたに送ります」

愛があなたからその人に流れてゆくのを感じて下さい。時間を十分かけて、感じ、それを体験しましょう。

次に意識をあなたの身体《からだ》に向けます。どのように感じていますか?　……自分の中を見て、自分が誰か他の人に変わって欲しいと思っていたり、要望しているかどうか考えてみて下さい。まだ、許した感覚がないと感じたら、もう一度、その人に愛を送るプロセスを繰り返して下さい。あなたが他人に対してこだわりを持ち続けている間は、このプロセスを続けます。しかし、あなたの頭の中だけで、完全に許すことはできません。

あなたの心が解放されたという感覚が得られない場合は、まだ自分でも意識していないレベルで、他の問題があるはずです。もし、そのようであれば、ただ次のように聞いてみて下さい。「何か他のことが、このプロセスを妨害しているのですか?」もし本当にそのような問題があれば、その問題はすぐに浮かびあがってくるはずです。何かがでてきたら、同じプロセスを繰り返して、きれいにします。もし、何も出てこなければ、自分の中の神の愛を体験していることを深く感謝し、神の思いやりと愛を送り続けて、その人を許しましょう。

もし、まだ何かつかえていると感じたら、祭壇を使った実習をためしてみましょう。目の前に祭壇をイメージします。その祭壇の上に許せない人や状況をのせます。そして自分に次のように言います。

「神様、この問題について、私はこれ以上何もできません。この件はあなたにゆだねます。あなたにおまかせします。どうぞひきとって下さい」……

もし、あなたが全身全霊をこめて真剣に神にゆだねれば、あなたと内なる神の間に何かが起こってきます。重い肩の荷が無くなって、あなたは、ここ数年来、初めて自由になったと感じるでしょう。

本当に許すことができた時には、あなたはその人に対して冷淡にふるまわなくなるはずです。あるいはその人を避《さ》けようとはしないでしょう。本当の許しとは、自分の心の傷と傷ついた自尊心を解放し、その人と問題が起こる前に感じていた感覚にもどることです。

神に助けを求めなさい。ただ単純にこう言えばいいのです。

「神様、ここに私の心があります。きれいにして下さい。私の魂と心を新しくして下さい。そしてあの人をもう一度愛せるようにして下さい。あなたの沈黙《ちんもく》とやすらぎの中で休ませて下さい。そしてこのようにお願いできることを感謝します」

まだ完全にすべてが終了したと感じられなくても、今、起こったことに感謝しましょう。あなたの中の深い場所で、何かが起こっていることを知りましょう。そして実際に何かが起こるのを目撃しましょう。

ここから信仰が生まれるのです。信仰がなければ、人生は空虚《くうきょ》です。

許すことによって、自由と喜びと幸福がやってきます。それは魂の自由と喜びです。あなたはある人やある状況に対していくつもの小さなこだわりを持っていましたが、それはすべて解決しました。そして、今、あなたは完全に自由です。
次のようなアファーメーションが役立つかもしれません。

「私は今、愛と許しの意識に入ります」

さあ、この許しと解放の喜びを心に持ち続けたままで、あなたの意識をあなたの身体とこの部屋にもどしましょう。そして目を開けて下さい。

60 内なるやすらぎを得るための実習

(不安を感じたり、心配ごとがあったり、なかなか決断ができない時にこの実習をやってみましょう)

リラックスした姿勢で、いすかまたはゆかに静かにすわりましょう。大きくそして静かに深呼吸します。目を閉じて下さい。身体《からだ》をリラックスさせ、感情を静め、何も考えないようにしましょう。……

あなたのハイヤーセルフ、あなたの源、内なる神とつながりましょう。そこにはやすらぎがあります。……静かな、とても平和な湖を想像しましょう。この平和で美しい湖のように、おちついた静かな気持になりましょう。

この静けさの中で呼吸しましょう。……やすらぎを心の中に吸《す》い込みます。あなたの感情の中に吸い込みます。……そしてあなたの身体の中にも吸いこみましょう。……そのやすらぎはあなたを包みこみ、あなたの中にしみわたり、あなたの意識に広がってゆきます。そのやすらぎの中で少しやすみましょう。

さあ、今度はあなたの意志に目を向けて下さい。あなたは自分にとって正しい決定をする勇気がありますか?

あなたは今、心配ごとや気がかりな問題を超越したところにいます。自分の内側にたずねてみましょう。「この心配は私に何を伝えようとしているのだろうか?」

この機会に、あなたが聞いてみたい質問を自分の中に問いかけてみましょう。これは頭で答えるような問題ではありません。――頭で考えて答えようとしてはなりません。もしあなたが頭で考えていたとしたら、それはやめて、あなたのもっと深い意識の中に入って下さい。あなたの深い部分にあるハイヤーセルフから答えがやってきます。答えがやってくるのを待ちましょう。……

さあ、あなたが完全にやすらぎ、あなたの質問に対する答えがわかったら、意識をあなたの身体にもどします。目を開いて下さい。

では、平和な気持を持ち続けて、あなたの日常の仕事にもどりましょう。

では最後にアファーメーションです。

「私は私です。私は決めることができます。私は自分の行動、自分自身、自分の感情に責任を取ります。

私は私です。
私は自分自身に責任を持ちます」

61 神との関係を知るために

次の質問は、あなたと神との関係に関する気づきを得るためのものです。時間を十分にかけて、ゆっくりこの実習にとり組みましょう。答えを書くためのノートとペンを用意します。まず最初にリラックスの瞑想《めいそう》をしてから、問題の一つひとつを心に浮かべてみましょう。時間をかけて、自分の中から湧《わ》きあがってくる答えを受けとりましょう。そして心を静かに保ちながら、ノートに答えを書きます。次の質問に進む前に、もう一度心を静めて、少し時間をおきましょう。

まず、静かになれる場所をさがし、楽な姿勢ですわります。身体をリラックスさせます。……目を閉じます。……三回深呼吸をして、新鮮な空気があなたをみたしてゆくのを感じます。それと共にあなたはとてもやすらいでゆきます。……このやすらぎがあなたの存在全体に広がります。……あなたの身体、……心、感情が平和になります。……

さあ、質問を始めましょう。……

1、私は毎日、どのくらいの時間、神と一緒にすごしているだろうか？

2、神と一緒にすごす時、どんな手法を用いているだろうか？

3、神との大切な交流の時間をとるために、どのように時間を作っているだろうか？

4、瞑想、黙想《もくそう》、祈りのために私はどのような方法をとっているだろうか？　こうしたやり方から、どのような恩恵《おんけい》を受けているだろうか？

5、私は祈りの時間をどのように使っているだろうか？　お祈りや瞑想を行なう時に、力になっているもの、障害になっているものを考えよう。

6、神とすごす時、私にとって沈黙《ちんもく》は重要だろうか？　沈黙に関して、何か問題はあるだろうか？　沈黙することによる長所は何だろうか？

7、神はどのようにして、私に話しかけてくるだろうか？　実例をあげてみよう。

8、どのようにして一日中、神と親密な関係を保っているだろうか？

9、神への礼拝は大切だろうか？　どのように神をたたえているだろうか？　歌う？　踊る？　沈黙する？　笑う？　それとも他の形だろうか？

10、満足できるきちんとしたスピリチュアルな人生を送ると、他人への態度や人間関係にどのように影響するだろうか？

11、断食はするだろうか？　もするとしたら、そこから何を得られるだろうか？

12、どんな本が役に立つだろうか？

13、私のスピリチュアルな人生での一般的な問題は何なのだろうか？

自分の答えを読み返す時、自分の反応に気がついて下さい。その答えは、あなたを幸せにしますか？　この実習から学んだことから、何か自分を変えたいと思いますか？　どうしたら変えられますか？　こうしようと自分に約束したいことはありますか？

62 信仰と祈りについての質問

次の質問は現在、あなたが信仰と祈りについてどう思っているか気づくために役に立ちます。時間を十分にとって、あまり急がず、ゆっくりと実習を進めて下さい。ノートとペンを用意し、あなたの答えを書きとって下さい。最初、リラックスするための瞑想を行ない、一つひとつの質問を心に問いかけましょう。時間を十分にとって、あなたの中から答えを得るようにしましょう。そして静かな気持を保ちつつ、ノートに答えを書きます。そうしてもう一度、心を静めます。少し時間をとってから、次の質問に進みましょう。

では、静かになれる場所を見つけて、楽な姿勢ですわりましょう。まず身体《からだ》をリラックスさせます。……目を閉じましょう。……大きく呼吸し、新鮮な空気であなたを満たしましょう。呼吸とともにやすらぎがやってきます。……やすらぎがあなたの全存在を満たしてゆきます。身体……心……感情がやすらいでゆきます。

さあ、自分に対して、次の質問をしましょう。

1、私にとって信仰はどのような意味を持っているのだろうか?
2、私の人生で、信念を持って何かを行ない、それが完全にうまくいった事例は何だろうか?
3、私はすべてのことに神の手を見ることができるだろうか?
4、私はすべては良きことのために起こっているということを、受け入れることができるだろうか?
5、私にとって、祈りはどのような意味を持っているだろうか?
6、助けが必要な時、私は祈る時間を持てるだろうか?
7、神は祈りに答えてくれると信頼しているだろうか?
8、祈る時、誰に祈っているか知っているだろうか?
9、祈りはとても力のある方法だと感じているだろうか? それとも祈りなどしても仕方がないと思っているだろうか?
10、「瞑想や祈り」をすることは私にとってどのような意味があるのだろうか?
私はそれにどのように取り組んでいるだろうか?

11、信仰と信頼なしに私はスピリチュアルな人生を送ることができるのだろうか？　また、スピリチュアルな人生を送るために変わる必要があるのだろうか？　また変わり続けることが必要だろうか？

12、私は変化に対して、どのような態度をとっているだろうか？

13、私は魂の自由や喜びをどのように見つけているだろうか？

自分の書いた答えを読みかえしてみて、自分がどんな思いにかられるか気がついて下さい。

あなたの書いた答えに満足し、幸せを感じますか？　この実習をやって気がついたことに基づいて、自分を変えたいと思うことはありますか？　どうしたら変われますか？　自分にしたい約束はありますか？

63

愛を学ぶための質問

次の短い文章とそれに続く質問は、愛に対するあなたの態度について、気づきを与えてくれるものです。時間を十分にとって、あまり急がず、ゆっくりと実習を進めて下さい。ノートとペンを用意し、あなたの答えを書きとって下さい。最初、リラックスするための瞑想を行ない、短い文章を読んでから一つひとつ順番に、質問を心に問いかけて下さい。時間をかけて、自分の深い場所から湧《わ》いてくる答えを受けとりましょう。そして心を平静に保ちながら、ノートに答えを書きましょう。もう一度心を静かにし、少し時間をおいてから、次の質問に進みましょう。

まず、静かになれる場所をさがし、楽な姿勢ですわります。身体《からだ》をリラックスさせて下さい。……目を閉じます。……三回深呼吸をして、新鮮な空気があなたを満たしてゆくのを感じましょう。それと共に、あなたはとてもやすらかな気持になってゆきます。……このやすらぎがあなたの存在全体に広がります。……あなたの身体、心、感情が平和になります。

さあ始めましょう。

1、自分が持っていないものは人に与えることはできない。
私は心に愛をもっているだろうか？

私は愛情深い人間だろうか？

他人の中に最も良いところをさがし、それを見ようとしているだろうか？

もし、このような資質を持ち、そのように生きていれば、私は人に愛を与えることができます。

2、私が理解していないことを人に教えることはできない。人に愛を教えるためには、自分がまず愛を知らなくてはならない。
私は愛の意味を知っているだろうか？

愛するということはどのような気持がするか、私は知っているだろうか？

私はすべての人の中に、その外見ではなく、魂の中にある神のきらめきを見ることができるだろうか？

私がこのようなことをできるようになった時、私は愛を理解し始めます。

3、自分が認識できないものに感謝することはできない。愛を認めるためには、愛を受けとる能力がなければならない。私には愛を受けとる能力はあるだろうか？
私は愛を見、感じ、認識することができるだろうか？

私は愛を感謝して受けとることができるだろうか？　それは私にとって何を意味するのだろうか？

愛を人に与えることができることを私は感謝できるだろうか？

4、心を許していないものを、私は受け入れることはできない。愛に心を許すためには、愛に対して無防備でなければならない。
私は心をオープンにし、愛に対して無防備になれているだろうか？

傷つきはしないか、拒否されはしないかと思って、愛をおそれてはいないだろうか？

私は愛から身を守るために、とげだらけの垣根を自分のまわりに作ってはいないだろうか？

5、神を信じたいと思ったら、疑ってはならない。

愛を信頼するためには、愛の力と強さを確信しなければならない。

私は愛こそ宇宙の中で最も力の強いエネルギーだと確信しているだろうか？

私は神は愛だと確信しているだろうか？

私は神、自分の中の神性を愛しているだろうか？

6、私は何かに身をささげずに生きることはできない。愛に身をささげるためには、常に愛の中で成長しなければならない。

私は愛に身をささげているだろうか？

人生で最も大切な学びは愛であると感じているだろうか？

もし、私が愛に身をささげていないとしたら、それはどうしてなのだろうか？

私はどうすればいいのだろうか？

自分の答えを読み返しながら、自分の反応に気づいて下さい。あなたの答えは、あなたを幸せにしますか？　この実習から学んだことから、自分を変えたいと思うところはありますか？　どうしたら変えられますか？　自分に約束したいことが何かありますか？

パート4　質問とその答え

Q **あなたは神をどのように定義しているのですか？**

A 神は無条件の愛です。神はどこにも、そしてすべてのものの中にあります。神は呼吸のようなもので、いつも私たちの中にあります。神は私たち一人ひとりの中にあります。ということは、どんな人でも私たち一人ひとりの中に「無条件の愛」があるということです。私たちはただそれに気がついていないか、または、その事実を受け入れられないだけなのです。このことを認め、受け入れるためには、心をオープンにして、気づくことが必要です。

Q **これまで、あなたの神に対する見方はどのように変わったのでしょうか？**

A 私はとても愛情深い伝統的なキリスト教の家庭に育ちました。両親から祈ることを教えられ、教会の日曜学校に通いました。私は短い間でしたがクリスチャンユニオンに入ったこともあります。しかし、その頃の私にとって、宗教は身についた信仰ではありませんでした。父への愛情から教会に通っていたのだと思います。父のようになれると思ったのです。

私がはじめて神の声を聞いたのは、人生の窮地《きゅうち》におちいった時でした。その頃、私はとても苦しんでいました。ある日、グラストンベリーのある民家の一室で祈っていました。そこは「聖所」と呼ばれていました。その祈りの中で私は言いました。「神さま、私の人生はどうしようもないほど混乱しています。どうすればよいのでしょうか？」すると自分の中から声が聞こえました。「落ちつきなさい。そして私が神であることを知りなさい」さらにその声は、「もし、お前が私の声を聞き、それに従うならば、すべてはうまくゆくだろう」と言いました。私はとても驚きました。そしてひどくこわくなりました。自分は気がおかしくなったのではないかと思ったからです。

その時以来、私は時々、少しずつ神からのガイダンスを受けとるようになりました。それはいつも、「私の子供よ」という言葉から始まり、そのあとメッセージが続きました。まるで、父親が子供に話しかけるような調子でした。私がその声に愛を感じるようになると、「私のいとし子よ」という言葉で呼びかけるようになり、さらに「私のいとしき者よ」という言葉になりました。そして、こうしたことが何年も続いたのでした。

ある日のこと、私はこう言っていました。「あなたの意志が成就されますように」そう言った時、私は自分が神から自分を切り離していることに気がついたのです。神がいて、私アイリーンが別個にいる、どういう理由かはわかりませんが、この分離はどこかおかしいのではないかという気がしました。私はすでに何回も何回も「私たちはひとつです。分離はありません」というメッセージを受け取っていました。しかし、それを本心ではわかっていなかったのです。私はこの事実に唖然《あぜん》としました。ところが一方では、もし心からそれを信じてしまったら、自分は異端者になってしまうのではないかと恐れたのです。しかし、ほんとうに徐々《じょじょ》にではありましたが、私は神は自分の中にいると感じるようになりました。それは私の一番深くて大切な真理となりました。そしてそれが自分の中で生き始めたのです。私は全存在をかけて、「そうなのだ、神と私はひとつなのだ」と知っています。そこには分離はもうありません。神は自分の中にあるのです。

そこに到達するまでには時間がかかりました。あっという間に起こったわけではありませんでした。私は神と共に努力し、神と共にあり、神と共に生き、神を具現しなければなりませんでした。そして、やっとわかったのです。「そうなのだ、私がガイダンスなのだ」と。私の中から出てくるものは、私の存在の最も高い部分、神の源からのものでした。

人生は変化の連続でした。常に変化し、それは大変なことでした。次のように言われたこともありました。「ガイダンスをもらって書き取ることをやめて、ガイダンスの通りに生き、そのものになり、見本となることを学びなさい。エネルギーを具現しなさい」私にとって人生とはこういうものです。――つまり、喜んで変化すること、そして変わり続けることなのです。

Q あなたが神とつながっている時はどのような感じなのですか?

A とても喜びにあふれています。本当の喜びを感じます。すべてに喜びと美しさがあります。私たちは最高を求めなければいけません。あなたが欲すれば、最悪を求めることもできます。選択するのはあなたです。しかし、自分の中の神を感じるためには、すべてのものの中に最善をさがさなければなりません。あなたのまわりと、生きている場所、まわりにいる人、自分のしていることをよく見てみましょう。あなたは全ての中に最善をさがすことができますか? テレビやラジオをつける前に、本当の自分自身と共にいるようにしなさい。それは、否定的なもの、まわりの無秩序や混乱にまき込まれないためです。どんな状況にあっても最善をさがしましょう。それは必ずしも容易なことではありません。

Q 人は神に魅《ひ》かれると同時に神を恐れるのはどうしてだと思いますか？

A 神に魅かれるのは神秘的な魅力を感じるからです。しかし、静かになって、自分の内なる神に近づくにつれ、怖れも湧《わ》きあがってきます。自分の望まないことをするよう要求されはしないかと恐れるのです。神に従い、ゆだね、全てをささげなければならないからです。私たちは自分の主体性を失うのではないかと恐れます。もし自分の主体性を失ってしまったら、何が起こるのでしょうか？　私にはそうした恐れがとてもよくわかります。スピリチュアルな道を歩み始めた時、私も非常にこわかったからです。何か困難にぶつかると、私たちはそれを無視しようとしたり、逃げ出したりします。私がこうした恐怖を克服《こくふく》できたのは祈りと瞑想《めいそう》のおかげです。私は長時間、静寂《せいじゃく》の中で内なる神と交信しました。内なる声は私に言いました。「私はいつもおまえと共にいる」私は助けを求めて祈りました。願えば答えてくれる、探せば見つかると知っていたからです。私の人生にすばらしいことが起こり始めるようになって、私の信仰は次第に強くなってゆき、最終的には岩のように確固たるものとなりました。

Q　あなたの霊的訓練の初期の段階で、最も重要なレッスンは何でしたか?

A　最も重要なものは自己鍛錬と服従でした。たとえば、私は毎日決まった時間に瞑想《めいそう》をしなければなりませんでした。午前六時、正午、午後九時の三回でした。それからずっと後になってからは、夜中に起きて祈り、神の声を待たなければなりませんでした。神を待つ時間と私は呼んでいました。八年間、私は毎晩二時間しか眠《ねむ》りませんでした。また、身体の浄化をしなければならないと言われました。一日に一回だけ生の食物を食べ、水を飲むだけでした。それは一九六〇年代の後半に始まり、九年間続きました。それは私が学ばなければならない修行でした。修行は実にすばらしいものでした。私をとても自由にしました。これらの修行はすべて内側からやってきました。他人が私に命じてやらせたものではありません。自分の中から命令が来るというところが重要です。人によってそれぞれ修行は違います。自分の内なるガイダンスに従うべきであり、誰かに言われたから行なうというものではありません。ガイダンスを受けとったり、内なる衝動を感じたりした時は、それを実行することが重要です。直接的で明確な指令やすばらしいビジョンを受けとりながら、何も行動に移さなければば何にもなりません。従うことが必要です。行動をとることが重要なのです。

Q あなたは日常生活の中で、スピリットとつながるために何をしていますか？

A 朝一番に私がすることは「神さま、どうぞ私をいかようにもお使い下さい」と言うことです。私は自分を神の前にさし出し、どのようにでも使って下さいと言います。でも、結果はすべて私が引き受けなければならないとわかっています。そのあと、まず『心の扉を開く』（日本教文社）のその日の文章を読んでから、祈りと瞑想《めいそう》の時間を持ちます。これは自分の部屋で行ないます。それから、フィンドホーンの聖堂に行ってさらに瞑想を続けます。私が聖堂で行なっていることは、キリストのエネルギーを共同体全体におろすことだと感じています。私はそこで自分の中心とコンタクトし、自分をバランス良く保ち安定させて、一日の生活を神のエネルギーと共に生きるようにします。

何をする時も愛をもって行ない、自分のまわりに起こるほんのささいなことから大きなことまで、すべてに神の手が働いているのを見ます。まわりで起こっていることに気づくことは、とても大切です。

非常に多くのことが、私に何かを告げているように感じます。たとえば早朝に鳴くつぐみの声です。その鳴き声は私に「もっと楽しんでいいのですよ。あなた方はあまりにも真剣になりすぎていますからね」と言っています。私はすべてのものに神の手を見ます。そしてこれらすべてが、神からのちょっとしたメッセージであることがわかるので、いつも感謝しています。私は常に自分の頭と心をオープンにして、神が伝えていることに気づくようにします。

Q 神は私たち一人ひとりのために計画を持っていると思いますか?

A はい、そう思います。神は計画を持っていますが、時にはそれがなかなかわからないこともありました。そんな時、「私はどこへ導かれていくのだろうか、今、何が起こっているのだろうか?」と思ったものです。しかし、そういう時こそ、信仰と信頼が必要です。私は自分の内なる声を信頼し、神は何が最善か知っていると信頼する必要がありました。神の計画は小さなものごとの中にもあります。小さいからといって放っておかれるわけではありません。あなたが正しく導かれている時、あなたは正しい時間に、正しい場所にいて、正しいことをしているのです。あなたの内なる衝動の声を聞き、それに従うことはとても大切なことです。
あなたが困難に直面している時、このことは特に大切であることを憶《おぼ》えていて下さい。あなたは困難な問題をどう扱いますか？　日常生活の中での障害や過《あやま》ちだと見ますか、それとも、神のもとへ一歩近づくための踏み石だととらえますか？　それを決めるのは常にあなたなのです。

Q 最近のメディアには、人が直接天使と会った話や、他の神秘的な現象の物語などがたくさん出てきます。いまこの時期に、どうして神が直接人間の人生にやってくるのでしょうか？

A それは恐れのためだと思います。恐怖は私たちの最大の敵で、私たちの成長をさまたげます。恐怖があまりにも多いので、私たちは何か頼るものを必要とし、スピリチュアルな食べものを渇望《かつぼう》しているのです。人々が窮地《きゅうち》に追いつめられなければ、内なる神に目を向けないのは残念ですが、実際にはそういうことなのです。人々は神に助けを求め、神がそれにこたえているのです。私たちは絶望的になった時、通常の現世的な体験を超えた世界にある頼りになるものに心を開くのです。スピリチュアルな食物がとても大切なのです。

Q ある人々はキリスト意識がまもなくやってくると言っています。あなたは信じますか？

A 私は個人的にはすでにキリスト意識に気づいています。それは私たち一人ひとりの中にある、信じられないほど強力な変容の力を持つエネルギーです。私たちは暗闇《くらやみ》を光に変えることができます。――イエスは、私たち一人ひとりが世界の光であると言っています。私はキリストを体験しました。そして自分の中に信じられないほどのキリストのエネルギーを感じました。私がこのエネルギーを自分の中、そして地球上に感じはじめたのは二、三年前のことでした。自分の中のすべての原子と、空気中のエーテル全体に電流が音をたてて走るような、とても興奮する体験でした。

より多くの人々がキリストエネルギーに気がつけば、より早く大きな変容がやってきます。私たち一人ひとりが、まわりと自分の中と、そしてすべてのものの中にあるキリストエネルギーに気がついてゆく役割を担《にな》っているのです。

Q 子供たちにスピリットのことをどのように教えればいいのですか?

A 私はとても小さなキャンピングカーに子供三人と住んでいました。スピリチュアルなことは教えるものではなく、その原則にそって生きていれば自然と伝わるものなのです。私は子供たちに一緒に瞑想《めいそう》しましょうとか、一緒に祈りましょうなどと言ったことは一度もありませんでした。言わなくても、子供たちは自分が寝ている間、ピーターとドロシーと私が静かにすわって神の声を聞き、愛と光と平和を世界中のたくさんの人々に送り出していることを知っていました。次の朝、私たちは自分の受け取ったメッセージについて、お互いに話し合いましたが、子供たちはやはり私たちが何をしているか気がついていました。私たち大人が話しあっている時、子供のうちの誰かが静かに聞いていたいのであればそうさせておきました。子供たちは時々そうしていました。彼らが何か質問をすれば、私たちは答えました。しかし子供たちに何かを押しつけるようなことはしませんでした。家庭の中で無条件の愛を身をもって示せば、子供たちはいつの間にかそれを学びます。彼らはまるで吸取紙《すいとりがみ》のようなものです。

Q 自分が持っている巨大な力をおそれないようにするには、どうすればいいのでし

よう？

A まず最初に、その巨大な力がどこからやってくるのか認識して下さい。それは神、自分の中の神性からやってくるのです。毎日、祈りと瞑想《めいそう》を行なって、その源とつながりなさい。あなたの心と身体《からだ》を浄化し、常に自分を純粋に保ち、神のよいチャネルになるようにしなさい。恐れずに神と共にいれば、すべてのことは可能だということを知りなさい。そして、成しとげられたことに対して神に感謝しましょう。自分一人の力でやっていると思わないで下さい。自分自身を無条件の愛の通路とし、奇跡が起こるのを見守りなさい。

Q **フィンドホーン共同体の精神をどのように日常生活に持ち込めばいいのですか？**

A それは祈りと瞑想によってです。フィンドホーンからもどると、「あなたが思い、考えること、それがあなたであり、あなたが実現するものです」ということをすぐに忘れてしまうならば、ここでプログラムに参加しても時間の無駄《むだ》です。あなたは家に帰ると、またもとの古い生活にもどってしまうか、フィンドホーンで学んだことを派手にやってみようとして始めるかのどちらかです。最初はうまくゆくでしょうが、必ずいつか、問題や試練がやって来ます。あなたは困難におちいったり、自分の中からわきあがる思いを否定したり、それを実行するのを拒否したりします。そして行きづまりを感じ、どうしてなのだろうと思います。そのような時、もし心から真剣に助けを求めれば、助けはやってくることを常に忘れないで下さい。神はあなたにとって何が最善であるかを知っています。ですから、あなたに与えられる神からのガイダンスや直観に従って下さい。そうすると、次から次へと、あなたの人生の扉が開いてゆきます。このフィンドホーンは、そのような過程を経て創《つく》られました。抵抗すると前に進めません。あなたのスピリチュアルな訓練は、あなたにしかできません。ですから他人に答えを求めるのはやめましょう。自分の中に目を向けて、自分の中からガイダンスを受けとる練習をしましょう。自分の中からの語りかけを明確に聞き、これに応じて行動するために、どのようにその声が語りかけるのか学んで下さい。

Q **瞑想の初心者にアドバイスを下さい。**

A まず最初に、そして最も重要なことは、学びたいという意欲を持つことです。何ごとにも神を一番にすることを学びたいという気持を持たなくてはなりません。もし心からそうしたいと思わなかったら、瞑想などする必要はありません。

あなたは自分のやり方を見つけることが大切です。あなたにとって心地よい方法です。いろいろな本や教えには多くの方法が紹介されていますが、最も簡単なやり方は、心の中で、自分にたいして言葉を何回もくりかえし唱《とな》える方法です。「静かに、静かに」とか「私は私です」と繰り返します。

静かな場所を見つけ、背骨をまっすぐにして、いすか、ゆかの上にすわります。目を閉じて、一定のリズムに呼吸を保ちます。――私は息を吸《す》うのに四つ、息をとめて四つ、そして息をはくのに四つ数えます。いくつ数えるかは、自分で決めて下さい。そして、あなたの好きな言葉を何回も何回も繰りかえし唱えます。一日に五分か十分程度から始め、もっと長くしたいと思うようになったら、もっと長くしましょう。静かな瞑想の終わりに、自分が世界中に愛を送っていると想像しましょう。すべてのものの、すべての人に感謝しましょう。感謝をしていると、心がオープンになり、愛が流れ出ます。

自制心と服従心を養いましょう。一日のうちいつ瞑想するか時間を決めたら、その時間を守ります。自分で決めても、いろいろな言いわけを見つけて、自分に対する約束を破ってしまいがちなものです。しかし、自分が本当にしたいと思えば、自分で決めたことは守れるものです。――私は長い間、小さなキャンピングカーの中で自分以外の二人の大人と三人の小さな子供と住んでいました。しかし、その時でも、「神との約束の時間」を守ることができました。

もし、ガイダンスや直観的なひらめきを受けとったら、それを書きとって、それに従って行動しましょう。こうすると常にドアが開かれていて、そこに神の指示がちゃんとあるようになります。

忍耐力と根気を持って勤勉に瞑想を続けて下さい。スピリチュアルな道を歩み始めたら、前進し続けましょう。決してうしろを振りむかないことです。

Q あなたの著作の中には繰り返し、「すべては、とてもうまくいっています」という言葉がでてきます。どうしてそう言えるのですか？

A 神の計画を信頼することはとても重要です。形のある次元から見れば、混沌《こんとん》として見えることも、より高いレベルから見れば、すべてはとてもうまくいっているのです。そして、すべては完璧《かんぺき》なタイミングで起こっています。私たちが通過しなければならないことは、すべて学ばなければならない大切なレッスンなのです。私たちはまわりで起っている大変な問題に巻きこまれて、その苦しみと一体化してしまいがちです。しかし、ひどい状況に影響されるかわりに、信仰と自分の中心に焦点をあてることによって、私たちは自分の心を開いて、すべての否定的な状況に向かって愛を送り、人々を助けることができます。これが私のやり方です。状況をいやすことができるのは愛だけです。本来の姿にするのは愛です。愛を送り続けましょう。

私が愛と言う時、それは無条件の愛を意味しています。何も期待しない愛です。何の見返りも要求しない愛です。それは良いことをしたいという思いに何の制限もつけません。また、愛情表現や見返りや反応を必要としません。心を開き、どんなことが起ころうとも、どんなにつらくても、愛を流し続けて下さい。

Q 霊的な道の究極のゴールとは何でしょう？

A 神とひとつであるとさとることです。神との分離はありません。それがすべてです。私の受けとったガイダンスに次のようなものがありました。

「私の中にあなた自身を感じなさい。私と共に歩きなさい。私と話をしなさい。私と

あなたがひとつであること（ワンネス）のすばらしさを、あなたの意識にしっかりと根づかせましょう。すべてがそこから出発するからです。時には、そんなことは不可能だとあなたは感じます。どうしてそんな風に感じるのですか？　私と共にあれば、不可能なことは何一つありません。完全なワンネスは今すぐあなたに起こり得るのです」

神とアイリーンが存在するのではなく、存在するのはただ一つの者であることを私は悟《さと》らなければなりませんでした。完全なひとつ、ワンネスです。神が私たち一人ひとりの中にあるというのはそれなのです。イエスは言いました。「神の国はあなたの中にある」と。神はいろいろな形で顕現《けんげん》しますが、私たちはみな自分の中に神の力を持っているのです。

訳者あとがき

スコットランドにあるフィンドホーンという共同体をご存知ですか?
ここは、愛と光の宇宙意識に導かれる社会を作るための一つの実験場として、一九六二年に誕生したニューエイジの共同体です。本書はこの共同体の創設者の一人、アイリーン・キャディの「Waves of Spirit」の日本語版です。一九九六年にフィンドホーン共同体の出版部とも言えるフィンドホーンプレス社から発行されました。

アイリーン・キャディは一九一七年生まれで現在八十六歳ですが、今もなお、フィンドホーン共同体の中心にある木造の小さな家に住み、共同体の霊的精神的支柱としての役割を果たしています。彼女は当時の夫、ピーターと友人のドロシー・マクレーン、それに三人の息子と共に一九六二年十一月、スコットランドのフィンドホーン村にある、夏のバカンス客用のトレーラーパークに住みつきました。ピーターが急にホテルのマネージャーの職を失い、住む所も仕事もなくなってしまったからでした。それまでもこの三人は神とつながり、神からメッセージを受け取って、神の意志を実行するという訓練と修行を続けていましたが、フィンドホーンのなにもない荒れた土地に住みついたこの時から、三人は社会からほとんど隔離《かくり》された状態で、自分自身を高め、神と共に生きるという生活を完全に実行に移すことになりました。食料を自給するために始めた畑が、神やディーバと呼ばれる植物の精霊たちからの導きによって数数の奇跡を生み、それをきっかけに、多くの人々が彼らの周囲に集まってきました。そして、自然発生的に、フィンドホーン共同体が発足したのでした。この間の事情については、『フィンドホーンの魔法』(ポール・ホーケン著、日本教文社)『フィンドホーンの花』(アイリーン・キャディ著、日本教文社)『天使の歌が聞こえる』(ドロシー・マクレーン著、日本教文社)に詳しく描かれています。

その後、ドロシー・マクレーンが一九七一年に、七九年には夫のピーターが新しい女性と共にフィンドホーンを去り、アイリーンは一人、共同体に残されました。彼女の霊的成長のプロセスはピーターとイラクで出逢った一九五〇年代初期に始まりましたが、そのピーターが彼女のもとを去った時、捨てられた悲しみと苦しみの中で愛について、神について、自分自身について、彼女はさらに深いレッスンを学んでいきました。アイリーンの場合は、学びの中心にあるものは一人で瞑想し、神とつながる時間を持つ、そして、自分の中に存在する神、自分自身の真実の声を聞くという方法です。彼女は類《たぐい》まれな忍耐力と自律心をもって、この方法を五十年以上も続けて今に至っています。その彼女のやり方を、彼女自身が私たちに語りかけているのが本書です。

アイリーンが魂の旅を始めた頃は、まだこのような霊的成長の大切さは一般にはあまり知られていませんでした。ほんのわずかな人達が私たちは魂であり、神そのものだということに気づくための道を歩んでいただけでした。そのために、霊的成長の道は厳しく、数々の障害が待ち受けていました。アイリーンのつらい修行の日々を知ると、私たちも胸が苦しくなるほどです。本書を読んでも、彼女がいかに一途《ず》に自分の内と外の障害を克服するために、瞑想と祈りによって内なる神とつながる努力をしてきたか、伺《うかが》い知ることができると思います。

それから五十年たった今、私たちはアイリーンの修行時代とはまったく違った状況にいます。アイリーンをはじめとする数多くの霊的先駆者によって、霊的成長の道は大きく開かれ、今ではたくさんの仲間と一緒に、多くのものに導かれて私たちは自分とは何か、愛とは何か、日々、学んでゆけるようになっています。しかし一方では、簡単にああ、こんなことか、楽しく生きてゆけばいいんだよね、あの人の言うことを聞いていればいい、このクリスタル、あのお水が私を救ってくれるなど、安易な方向へと流れやすくなっていると言えるかもしれません。

しかし、霊的成長への道は私たちが自分自身、内なる神とより深くつながり、さらには一体化することにあります。そしてそのために基本的に最も大切なことが、本書でアイリーンがくり返し説いている、「神とつながる時間を持つ」「祈りと瞑想を行なう」「神の意志を生きる」ということなのです。そして、本当にそうしたいと思って心を静め、瞑想する時、私たちのうちにある神は、必ず私たちに答え、そして、私たちはさらに霊的に成長して人生をより充実したものにできるのです。

アイリーンの思いと純粋で光輝くアガペの愛を、本書から受け取っていただきたいと思います。そして、読者のみな様にも、ぜひ祈りと瞑想を実践していただきたいと思います。

二〇〇三年一〇月

山川紘矢・山川亜希子

著者紹介

アイリーン・キャディ

北スコットランドの「聖なる楽園」フィンドホーンの創設者の一人。一九一七年、エジプトのアレキサンドリア生まれ。内なる神からのガイダンスを受け取り、それをもとにフィンドホーンを建設した。愛に満ちたガイダンスは、訪れる人々の心をやすらげ、本当に大切なことは、「一人ひとりが心の中の声を実行することだ」と気づかせてくれる。『心の扉を開く』は、二〇カ国語以上に翻訳されているベストセラー。主な著書に、自伝『フィンドホーンの花』『フィンドホーン愛の言葉』（日本教文社）『神は私にこう語った』（サンマーク出版）、共著に『愛することを選ぶ―自分を解放していくセルフ・ガイド』（誠信書房）など多数がある。

訳者紹介

山川紘矢・山川亜希子

山川紘矢＝一九四一年静岡県生まれ。六五年、東大法学部を卒業し、大蔵省に入省。マレーシア・アメリカなどの海外勤務を経て、大蔵省財政金融研究所研究部長を務め、八七年、退官。現在は翻訳に携わる。

山川亜希子＝一九四三年東京都生まれ。六五年、東大経済学部を卒業。マッキンゼー・アンド・カンパニーなど外資系会社を経て、現在は主婦業のかたわら翻訳の仕事に携わる。

主な訳書にシャーリー・マクレーン『アウト・オン・ア・リム』、パウロ・コエーリョ『アルケミスト』（地湧社）、ジェームズ・レッドフィールド『聖なる予言』（角川書店）、アイリーン・キャディ『心の扉を開く』『フィンドホーンの花』『フィンドホーン愛の言葉』、ドロシー・マクレーン『天使の歌が聞こえる』『大地の天使たち』、デイビッド・シュパングラー『人はなぜ生まれたか』、ポール・ホーケン『フィンドホーンの魔法』（日本教文社）など多数があり、共著にも『アシジの丘』（日本教文社）などがある。

住所＝東京都町田市成瀬台三―二五―五　〒一九四―〇〇四三
ホームページ＝http：//www2. gol.com/users/angel/

愛《あい》の波動《はどう》を高《たか》めよう
——霊的《れいてき》成長《せいちょう》のためのガイドブック

二〇〇三年一一月二五日　初版発行
二〇二〇年　二　月　一　日　一一版発行

著者……アイリーン・キャディ
訳者……山川《やまかわ》紘矢《こうや》・山川《やまかわ》亜希子《あきこ》〈検印省略〉

発行者……岸　重人

発行所……株式会社　日本教文社
東京都港区赤坂九—六—四四　〒一〇七—八六七四
電　話　〇三（三四〇一）九一一一（代表）〇三（三四〇一）九一一四（編集）
ＦＡＸ　〇三（三四〇一）九一一八（編集）〇三（三四〇一）九一三九（営業）
振　替　〇〇一四〇—四—五五五一九
https://www.kyobunsha.co.jp/

印刷・製本……東港出版印刷株式会社

ISBN978-4-531-08137-0 Printed in Japan

株式会社 日本教文社　〒107-8674　東京都港区赤坂9-6-44　電話03-3401-9111(代表)
日本教文社のホームページ　https://www.kyobunsha.co.jp/
宗教法人「生長の家」〒409-1501　山梨県北杜市大泉町西井出8240番地2103　電話0551-45-7777(代表)
生長の家のホームページ　http://www.jp.seicho-no-ie.org/
各本体価格（税抜）は令和2年1月1日現在のものです。品切れの際はご容赦ください。